남자현 평전

나는 조선의 총구다

남자현 평전

나는 조선의 총구다

초판 1쇄 발행 2018년 8월 10일
초판 2쇄 발행 2018년 9월 5일

—

지은이 이상국
펴낸이 이방원
편집 안효희 · 김명희 · 윤원진 · 정조연 · 정우경 · 송원빈
디자인 박혜옥 · 손경화
영업 최성수
마케팅 이미선

—

펴낸곳 세창미디어
출판신고 2013년 1월 4일 제312-2013-000002호
주소 03735 서울특별시 서대문구 경기대로 88 냉천빌딩 4층
전화 02-723-8660 | 팩스 02-720-4579
이메일 edit@sechangpub.co.kr | 홈페이지 http://www.sechangpub.co.kr

—

ISBN 978-89-5586-528- 8 03990

이 도서의 국립중앙도서관 출판시도서목록CIP은 e-CIP 홈페이지 http://www.nl.go.kr/ecip에서
이용하실 수 있습니다. CIP 제어번호 : CIP2018022597

남자현 평전

나는 조선의 총구다

세창미디어
MEDIA

우리 독립운동사에 큰 여인이 있었다

남자현(南慈賢, 1872–1933), 독립운동가

〈여자 안중근〉과의 만남

그 시절 나는 목이 말랐다. 강경대 구타 치사사건으로 세상이 떠들썩할 무렵 신문사 편집국에서 사표를 쓰고 있었다. 젊은 혈기가 뿜어 올리는 울분과 의기는 있었으나 세상에 대한 전망도 흐릿했고 마땅히 살아내야 할 가치의 표석도 서 있지 않았다. 내가 딛고 살아가는 이 땅과 '현재'를 이룬 '지난 시간'을 좀 더 긴 호흡으로 성찰하고 싶은 마음이 돋아났다. 당시 한겨레신문 조선희 기자의 글에 매료되어 있던 나는 그녀가 중심 필진이 되어 출간한 『발굴 한국현대사 인물』(1991년)

이란 책을 만났다. 시리즈로 된 그 책의 첫 권에는 34명의 인물이 새롭게 발굴되거나 조명을 받고 있었는데, 거기서 여섯 번째 인물로 소개된 '남자현'이란 이름을 보았다.

이름만 얼핏 봐선 남자 같은데, 글머리에 얹힌 흑백사진은 여자였다. 확대 복사한 영정사진처럼 흐릿한 얼굴이었다. 머리칼은 남자처럼 짧고 숱이 적었고 눈 옆으로 부각된 광대뼈가 강인한 인상을 줬다. 흑백이라 색깔은 알 수 없으나 흰빛의 저고리를 입었고 정면으로 바라보지 않고 약간 오른편으로 틀어서 왼편 얼굴로 바라보고 있는 모습이라 사진을 찍기 위해 마주 앉았을 사람과, 그 사진을 들여다보는 사람을 불편하게 만드는 느낌이 있었다. 무엇보다 이 사진에 오래 머물러 있게 한 힘은 그녀의 눈이었다. 콧매나 입매만큼이나 눈도 시원스러워 남성적인 풍모를 풍겼는데, 사람을 보느라 왼쪽으로 몰아붙인 눈망울 옆으로 드러난 흰 자위에서 섬뜩하다 할 만큼 강렬한 어떤 감정이 뿜어 나오고 있었다. 그 눈을 오래 바라보고 있노라면 가슴이 두근거리기도 하고, 어떤 때는 간이 졸아들어 정말 콩알만해져 있다는 느낌이 든다. 전체적으로는 분명히 후덕하고 넉넉한 인상인데, 쏟아지는 눈매 하나가 성난 정신처럼 으르렁거렸다. 남자현은 내게 이런 여자였다.

조선희 기자가 쓴, 남자현 약전略傳은 나를 어리둥절하게 했다. 이름도 그때 처음 들은 사람인데, 그녀가 구한말과 일제 강점기를 살면서 남긴 자취는 어린 날 읽어왔던 위인전 속의 인물들의 삶보다 뛰어난 점이 있었다. 이런 분이 어떻게 감쪽 같이 숨겨져 있었을까. 이런 위대한 정신을 60년 만에 자취도 없이 매몰시키는 둔감한 역사가 어디 있단 말인가. 굴절과 수모의 역사의 틈바구니에서 그토록 용기 있었던, 한 여인에 대한 깊은 연모戀慕가 화르르 피어났다.

그러나 너무 젊어서였던가. 첫사랑처럼 쉬 가시는 관심이었던가. 책을 덮고 난 뒤 울분은 식고 마음은 다른 데로 옮겨가 버렸던 듯하다. 19년이나 내 의식의 공간에서도 그녀는 묻혀 있었다. 그러다가 공교롭게도 그때 옮겨왔던 다른 신문사에서 젊은 시절을 보내고 나서 사표를 쓰고 난 뒤에 그녀를 다시 만난다. 경북 영양군에 스토리텔링과 관련한 취재를 할 일이 생겨, 자료를 모으던 중에, 남자현이 이 지역 사람임을 알게 됐다. 예전에는 만주에서의 행적에 매료되었기에 출신 지역을 의식하지 못했던 듯하다. 영양군은 조선 퇴계학통을 계승시킨 위대한 여인 장계향이 있고, 작가 이문열과 시인 조지훈의 생가가 있어서 문향文鄕으로 불리는 곳이기에 이들이 충분히 '지역 스토리'의 주인공이 될 만하지만, 나는 단호히 남자현을 선택했다. 그간의 무심을 갚으려는 부채감 같은 것이기도 했다. 아니 그보다는 이 위대한 인물을 내 손으로 다시 세상의 관심 속으로 돌려놓고 싶은 의욕이 차올랐다.

해방 직후 독립운동가를 평가해 훈장을 수여하는 사람들이, 이 땅의 여성들 중에서 가장 높은 공로(신채호와 이봉창과 같은 급)를 매겨준 그녀인데도, 유관순을 아는 사람들이 그녀를 모른다. 나는 무명無名의 투사로 누운 그녀에게, '여자 안중근'이라는 별칭을 붙여주기로 했다. 끝없는 투쟁과 뜨거운 민족애, 그리고 서슴없는 단지斷指 혈서와 일제 요인 처단의 면모에 있어 안중근에 비길 만하다고 생각했기 때문이다. 그리고 그녀를 모르는 사람들이 남자현의 행적과 위대성을 쉽게 알도록 하기 위해서는 대중에게 잘 알려진 안중근이란 아이콘이 힘 있게 다가갈 수 있다고 보았다.

당시 두 사람은 서로 알았을까. 남자현은 1873년생이고 안중근은 1879년생이니, 남자현이 여섯 살 위다. 황해도 해주 출신인 안중근은 경상도 영양에 파묻혀 사는 아낙네였던 남자현을 몰랐을 것이다. 그가 하얼빈에서 이토 히로부미를 총살하던 1909년, 남자현은 시골에서나마 그의 의거 소식을 전해 듣고 통쾌해 했을 것이다. '안중근 의거'는 그녀에게도 새로운 삶을 향한 비전을 주지 않았을까. 인생을 결정짓는 데는 현실적인 배경과 상황도 중요하지만, 거시적이고 정신적인 환경 또한 작용을 할 때가 많다. 그녀가 영양 지역의 독립투쟁가들을 적극적으로 도왔다는 기록들도 보인다. 하지만 그녀는 1919년 3·1운동이 일어나기 전까지, 양반가의 며느리가 해야 할 미션들을 수행하기 위해 내부에서 타오르는 열정으로 꾹꾹 누르며 시골생활을 지속해 간다.

그녀의 삶이 던져주는 강렬한 메시지는, 마흔이 다 된 나이에 분득 '아녀자'의 질곡을 벗어던지고, 죽음을 불사한 투쟁에 뛰어드는 것에 있다. 우리가 자주 변명처럼 늘어놓는 '늙었다'는 표현은 남자현에게는 통하지 않는다. 그녀는 시간이 흐를수록 젊어지고 강해진다. 용모를 꾸미며 젊음을 유지해서 젊어진 게 아니라, 신념과 비전에 자신을 던짐으로써 젊게 살았다. 이런 면모가 그녀를 더욱 위대하게 한다.

남자현에 관해 취재를 하면서, 왜 그녀에 관한 사실史實들이 쉽게 묻혀버렸는지 알고 싶었다. 우선 그녀에 대한 기록들이 거의 없다시피 하다. 그리고 그녀가 남긴 글도 전혀 찾아볼 수 없으며 유품 또한 모두 사라져버렸다. 당시 독립운동가들이나 남자현의 자손들에 의해 전해지는 이야기들은 몇 개의 에피소드로만 남아 있을 뿐, 생애 전체를 살피려는 노력은 전혀 없었다. 특히 만주로 가기 이전 남자현의 삶은 거의 묻혀 있는 상태이다. 역사적 자료들이 빈곤하니 그녀는 수수께끼 같은 인물이 되어버렸다.

남자현의 생애를 복원하고 그 행적과 삶의 의미를 기리는 일은, 그녀의 후손들의 영광을 되찾아주기 위한 것도 아니고, 지역의 관광 사업을 도와주려는 것도 아니다. 역사적 진실을 찾아내는 일은 후손인 우리 자신들의 책무이며, 어떤 경전이나 시문보다도 빼어난 가르침을 한 인물의 삶을 통해 되찾는 일이다. 요컨대 남자현은 '억울한 영웅'이다. 그녀가 온몸으로 목숨 걸고 살아낸 삶과 공훈보다 저평가되어 있을 뿐 아니라, 아예 겨레의 기억 속에 잊히거나 무관심 속에 방치되어 있는, 우리의 정신자원이다. 그녀의 자취와 기억을 있는 대로 모아, 우린 길이 기념할 집이라도 조성해놓아야 하는 것 아닐까. 그건 선택이 아니라 의무가 아닐까. 그래야 우리가 조국을 말할 수 있고 역사를 말할 수 있지 않을까. 그녀가 피눈물로 역설한 '대한독립원大韓獨立願'과 기꺼이 베어낸 왼손가락 3개의 철혈鐵血 투지에 값하는 게 아닐까. 흑백사진 속의 남자현이 그토록 뚫어지게 우리를 바라보고 있는 이유는, 시대를 관통하는 진실을 전하려는 그녀의 의욕이 아닐까. 우리는 그 눈빛에 답해야 한다. 자, 이제 무관심과 망각 속에 묻혀버린, 위대한 독립운동 여걸 남자현을 만나러 가자.

호각소리 들리는 새벽 두 시

죽은 자의 머리카락같은 빗소리 몇 올

어제 총맞은 자들인가 호각의 비명따라

움찔움찔 흘러내린다

1926년 4월 혜화동 28번지 고선생댁 마루방 지하

밤새도록 권총을 닦는 한 여자가 있다

싸늘한 총구를 맨가슴에 대며 자기를 묻는問 질문이 있다

나는 왜 사람을 죽이러 왔는가

나는 왜 제국을 죽이러 왔는가

한 사람을 죽이는 것이 만 사람을 살리는 길이라고

그 심장을 쏘는 것이 백만의 심장을 뛰게하는 번개라고

쓰러져 말라붙은 북만北滿이 등 뒤에서 울고

압록강 바람이 치밀어올라 옷자락을 펄럭이게 하는

귀신도 눈 부릅뜬 비원을 품고 왔다

이 가슴이 총이라면

이 온몸이 불같이 터지는 포신砲身이라면

싸늘한 심장과 얼음 입술

눈물 없는 관자노리

오직 한번 뜨겁게 죽기 위하여

이토록 견고한 냉담을 유지하는

내 몸이여 너를 닦는 것이다 너의 피와 너의 살

빗소리로 걸레를 축여 네 뜻을 닦아내는 것이다

늦어도 내일 모레까지 제국은 무릎을 꿇고 주저앉을 것이다

이 비 그치기만 하면 죽은 자를 우는 비가 내릴 것이다

닦아도 닦아도 그치지 않는 피가 내릴 것이다

아들아 나는 여자가 아니다 네 어머니가 아니다

나는 나라 잃은 나라의 남편 잃은 아내이다

나라 잃었을 때 나도 잃었고 남편 잃었을 때

여자도 잃었다 내 죽음을 슬퍼하지 말아라

나는 슬프게 죽지 않았다 나라를 잃은 그날부터

내 몸은 강토疆土였다 겨우 숨쉬며 미친 듯 쏘다니는

조선이었다 내가 슬픈 것은 제 몸 건사하지 못하는

아픈 땅이다 죽은 한성漢城의 칠흑같은 어둠이다

한 사람을 죽일 총구는

생각보다 작구나 역사를 끝장 낼 한 방의 총성은

낮고 짧은 것이다 십육년 악마같은 제국의 심장에 박을

한 여자의 소망은 이토록 작은 것이다

피도 눈물도 아닌 한 줄기 화약연기가 말하는

늙은 촌로村老의 넋두리같은 것이다

심장이 왼쪽이더냐 오른쪽이더냐

내 심장과 반대쪽이더냐 같은 쪽이더냐

비통한 황제의 주검 앞에서도 나는 눈물을 아꼈다

백만의 눈물방울을 거둬 여기 총구에 잴 뿐이다

지금 창덕궁엔 밤을 새운 혼이 나를 기다리고 있으리

내내 저벅거리던 발자국 소리 그쳤다

호각소리 그쳤다 비도 그쳤다

사이토 마코토,

적막 속에서 부옇도록 닦아온 총을

내 입속에 넣으며 나는 듣는다

나는 조선의 총구銃口다

나는 조선의 총구다

일제의 심장을 겨누는 조선의 심장이 뛴다

너를 죽이마

내가 죽이마

_빈섬 이상국

　남자현南慈賢은 경북 영양군 석보면 지경리에서 1873년 12
월 7일 태어났다. 정3품 당상관인 통정대부를 지낸 부친 남정
한南珽漢과 진성眞城 이씨(이원준李元俊의 딸) 사이에서 1남 3녀
의 막내딸로 태어났다.[1] 남자현에게는 오빠인 남극창(南極昌,
그의 아내는 안동 권씨)이 있었다. 극창은 자字를 문휴文休라 했
고 1850년생으로 남자현과는 무려 스물 세살 차이가 난다. 또

...

1　남자현의 친정 증손자인 남재각 씨가 소장하고 있는 『영양남씨 세보』. 한
　편 보경문화사에서 나온 『의성김씨 세보와 영양군지』(1998년 간행, 440쪽), 영
　양문화원에서 낸 『영양의 독립운동사』(2006년, 354쪽)에는 둘째딸로 표현되
　어 있다.

언니가 둘 있었는데 첫째언니는 재령 이씨인 이원발에게 시집을 갔다. 이원발은 존재存齋 이휘일李徽逸의 후손이다. 존재는 작가 이문열의 조상으로『음식디미당』이란 책을 남겨 유명해진 정부인 장계향의 아들로 퇴계 이황의 학통을 잇는 빼어난 성리학자이다. 둘째언니는 조지훈 집안으로 유명한 한양 조씨 가문의 조학기와 결혼했다. 첫째언니는 후손들이 서로 교류를 하지 않았고 집안 내력이 드러나지 않았다.

영양에서 이름난 부호富豪 가문에 시집간 둘째언니는 조범석을 낳았는데 그는 일찍이 금융계에 몸담아 대구금융조합연회장을 맡았다. 조범석의 3남 1녀 중 막내인 조운해는 고려병원(현 강북삼성병원) 원장을 지냈고 경북대 효석장학회 이사장을 맡고 있다. 그는 이병철 전 삼성회장의 맏사위이기도 하다.[2]

남자현의 아버지 남정한은 1831년(순조 31년)에 태어났다. 그는 통정대부通政大夫와 문학 벼슬을 받은 것으로 되어있다.

• • •

2 그의 아내는 이인희 한솔그룹 고문이다. 남자현 가문과 삼성 가문을 엮어 준 사람은 박준규 전국회의장이라고 한다. 박준규는 삼성 이병철 회장의 모친인 박두을의 조카이다. 조운해는 경북대 의대(옛 대구의전)을 졸업하고 일본 도쿄대학원에서 소아과 의학박사 학위를 받고 의사의 길을 걷고 있다가 1948년 이화여대 3학년인 이인희와 결혼하게 된다. 재벌가의 맏딸 이인희가 남자현 둘째언니의 손자며느리라는 사실은 관심을 끈다. 삼성가문 어딘가에 독립운동가 가문의 피가 흐르고 있다는 얘기이기 때문이다.

통정대부는 정3품 당상관에 해당하는 고위직급으로 요즘으로 치면 1급 관리관쯤 되는데 국가 정책을 결정하는 데 참여를 했고 관직에서 물러난 다음에도 봉조하奉朝賀가 되어서 녹봉을 받았다. 남정한의 증손자인 남재각(88)은 "통정대부 칙지를 1972년 이전까지 집안에 보관하고 있었는데, 그 해 화재로 모두 잃었다"고 증언했다. '교지'가 '칙지'인 것은 고종이 왕에서 황제로 승격한 다음에 첩지를 받았다는 사실을 시사한다. 따라서 광무황제 재임기인 1897년에서 1907년 사이에 받았다고 볼 수 있다. 통정대부는 관직의 직급을 나타내는 표현으로 별다른 보직이 없으면 공명첩空名帖일 가능성도 있다. 조선 후기엔 이름뿐인 첩지가 남발되기도 했는데, 돈을 주고 첩지를 사기도 했고 자식이 귀한 자리에 오르면 그 덕택에 받는 경우도 있었다. 또 나라에서 노인을 우대하는 의미로 칠순이나 팔순 노인에게 공명첩을 일괄적으로 내리기도 했다고 한다. 당시 정2품 이상은 대감이라고 부르고 정3품 이상을 영감令監이라고 불렀는데, 공명첩이 돌다 보니 너도나도 '영감'이라고 불리어 고유명사가 보통명사로 되었다는 얘기도 있다. 실제 관직에 있었던 경우라면 과거에 합격하고 생원시, 진사시를 통과한 경우라야 통정대부에 오를 수 있었다. 남정한이 현재로선 관직을 맡은 흔적이 거의 드러나지 않으므로, 예우의 차원에서 직첩을 받았을 가능성이 큰데, 1896년 아들 김영주의 의병 전사와 관련이 있을 수도 있고, 고종 황제가 통치권 과시 차원에서 지역의 원로들에게 내린 첩일 수도 있다. 따라서 남정한이 통정대부 직첩을 받았다는 점에 비중을 두는 일은 적절하지 않다. 또 문학文學이란 벼슬을 한 것으로 되어 있다. 문학은 조선시대 세자 시강원의 정5품 직책이다. 1894년 이후에는 예조속아문 궁 내부 소속의 시강원에 달린 벼슬이었다. 통정대부와 문학은 동시에 맡았던 벼슬을 가리킬 가능성도 있다. 그런데 영양남씨 세보에는 그에 관해 기록하면서 '풍지風旨가 한때 경도傾倒했다'고 적어놓았다. 이것은 무슨 뜻일까. 남정한의 막내 사위 김영주는 의병활동을 하다가 전사했으며 남정한 스스로 향리에서 은밀히 의병을 조직하고 자금을 대는 일을 한 것으로 알려져 있다. 남정한의 사망년도가 기록되어 있지 않고, 김영주 순사殉死 이후의 행적이 제대로 기록되어 있지 않은 것은 왜일까. 그가 일제의 탄압과 감시를 견디다 못해, 풍지가 경도되었다고 할 만한 어떤 '행동의 변화'를 보였을 가능성을 추론해 볼 수 있다. 남정한의 자字는 운보雲甫이다. 문하에 70여 명의 제자를 두고 가르친 지역의 이름난 학자였다.[3] 증손자 남재각은 어린 시절 집안에 가전하는 필사본『근사록近思錄』[4]을 보았다고 말했다. 주자학의 핵심 고전인 이 책의 분위기로 미루어 보면, 근본에 충실하고 수기치인修己治人을 실천하는 유학자의 그림이 그려진다. 이런 가풍 아래에서 총명한 소녀 남자현은 아버지이자 스승인 남정한에게서 학문의 핵심을 전수받았을 것이다. 그녀는 일곱 살 때 한글을 깨쳤고 여덟 살 때부터 한자를 배우면서 글을 지을 수 있었다고한다. 열두 살이 되면서 소학과 대학을 읽었고 열네 살에는 사서

• • •

3 『발굴 한국현대사인물』(1991, 1권, 48쪽).

4 『근사록』은 1175년 주희(朱熹:주자)와 여조겸(呂祖謙)이 주돈이(周敦頤)·정호(程顥)·정이(程頤)·장재(張載) 등 네 학자의 글에서 학문의 중심문제들과 일상생활에 요긴한 부분들을 뽑아 편집한 책이다. 제목의 '근사'는 논어의 "널리 배우고 뜻을 돈독히 하며, 절실하게 묻고 가까이 생각하면切問而近思] 인(仁)은 그 가운데 있다"는 구절에서 따온 것이다. 주희의 설명에 따르면 학문하는 사람이 그 단서를 구하려고 힘을 쓰며, 자기 몸을 처신하고, 사람을 다스리면, 이단을 구분하고 성현을 보는 일의 큰 줄기를 다 갖추었다고 한다. 진덕수(眞德秀)의『심경(心經)』과 함께 신유학의 필수문헌으로 중시되었고, 채모(蔡模)의『근사록집주(近思錄集註)』등 해설서가 나왔다. 한국에는 고려 말에 신유학이 수입될 때 들어와 1370년(공민왕 19) 진주목사 이인민(李仁敏)이 4책으로 복간한 바 있으며, 그 책은 지금까지 전해져 보물 제262호와 제1077호로 지정되어 있다. 또한, 세종·문종대의 경연에서도 이 책을 강론하였지만, 일반학자들 사이에 널리 퍼진 것은 조선 전기 훈구파의 사장(詞章) 중심의 학문을 비판하고 신유학의 요체를 깊이 이해하기 시작한 중종대 사림파 단계에 와서였다.『소학』과 함께 중종대 사림파의 상징적인 서적으로 인식되어 기묘사화 후에는 한때 엄격히 금지되기도 하였지만, 이이(李珥)의『격몽요결』에 와서는 학자가『소학』과 사서삼경 및 역사서 등을 읽은 다음에 탐구해야 할 성리서(性理書)의 하나로 제시되었다. 17세기 중반 정엽(鄭曄)의『근사록석의(近思錄釋疑)》, 18세기 이익(李瀷)의『근사록질서(近思錄疾書)』를 비롯한 해설서가 나왔다.

四書를 독파했고 한시를 지을 수 있었다.[5] 남자현의 천재성은 270여 년 전 같은 영양군의 인근 두들마을 석계종택에 시집온 장계향(1598~1680)[6]을 떠올리게 한다. 장계향은 재령 이씨에게 시집간 언니의 남편(그러니까 남자현의 형부)인 이원발의 조상 할머니이다. 장계향 또한 안동의 이름난 학자이자 부친인 장 흥효의 수하에서 학문을 배웠다. 그녀의 학문은 남자 학생들을 능가할 정도로 뛰어났다고 한다.

장계향은 열아홉 살 때 아버지에게서 아끼는 제자 이시명의 계실繼室로 들어가라는 명을 받는다. 장흥효가 이어받은 퇴계의 학통을 전수하기 위해서였다. 그녀는 이런 유학자 가문의 임무를 수행하기 위해, 스스로의 학문적 욕망을 모두 죽이고 평생 아들들을 대학자로 길러낸다. 남자현은 형부의 조상 할머니인 장계향에 관한 이야기를 어른들에게서 들어 알고 있었을 것이다. 그녀 또한 열아홉 살에 안동 출신으로 부친의 제자였던 김영주金永周에게 출가한다. 그 또한 이시명처럼 명

• • •

5 대한문화정보사에서 나온『독립혈사2』의 '남자현여사 약전'(1950, 박영랑, 121쪽), 독립문화사에서 나온『한국독립사(하)』(김승학, 1965, 132쪽) 재인용(영양의 독립운동사, 2006, 영양문화원).

6 장계향은 작가 이문열의 조상이며, 그가 쓴 소설『선택』(민음사, 1997)의 주인공 안동 장씨이기도 하다. 그녀가 말년에 펴낸 '음식디미방'은 조선 양반가 규방의 레시피로서 최근 각광을 받고 있다.

민한 제자였고 그의 가문은 뛰어난 유학자 집안이었다고 전해진다. 그러나 남자현의 시대는 장계향의 시대만큼 평온한 시절이 아니었다. 남정한은 제자들에게 사서삼경만 가르친 게 아니라, 나라를 지키는 의기와 춘추 대의적 의리관을 역설했다. 그의 제자들은 실제로 의병활동에 참가하여 국권을 수호하기 위해 분발했다. 의병들의 싸움터로 달려간 제자 중에는 남자현의 남편인 김영주도 있었다.

열네 살 남자현이 논어와 맹자를 읽고 시를 쓰던 1887년의 석보면 지경리로 잠시 들어가 보자. 소녀는 아버지로부터 1882년 6월에 일어난 임오군란에 관한 얘기를 들었다. "강화도 조약(1876년) 이후 조정에서 신식군대 별기군을 조직했는데, 이전의 군인들과 차별이 심했지. 13개월이나 밀린 봉급 대신에 쌀을 주었는데 그나마 양도 턱없이 부족하고 모래와 겨가 섞여 있었어. 그래서 그들의 불만이 폭발했지. 군인들은 신식군대를 비호하는 민씨 일파의 집을 공격하고 별기군 교관을 포함해 일본군 13명을 죽였단다. 이후 일본은 이를 이유로 제물포조약을 맺었는데 50만원 배상과 일본공사관 경비병 주둔을 요구해 인정받은 불평등조약이었지. 배상금은 일본에서 꿔주는 외채로 충당함으로써 조선을 압박하는 빌미로 삼았고 또 군대 주둔을 공식적으로 약속받았지." 또 1884년 12월 4일에 일어난 갑신정변 이야기도 해줬다. "우정국 개국 축하연 때 거사를 기획한 김옥균, 서광범, 박영효 등 친일 개혁파들이 정권을 잡았는데 청나라 군대가 쳐들어오는 바람에 3일천하로 끝났지." 아버지의 얘기를 들으며 소녀는 조선을 침탈하려는 외세에 대해 큰 분노를 품었다. 시골에서 유학 경전을 끼고 살았지만 국망國亡이 임박한 심각한 기운을 읽지 않을 수 없었을 것이다.

이보다 그녀의 마음을 사로잡은 것은 영남만인소萬人訴 이야기였다. 영남 유림이 위정척사爲政斥邪 운동을 벌이게 된 계기는 1880년 수신사 김홍집이 가져온『조선책략』[7]이었다.

이해 11월『조선책략』을 비판하는 척사통문이 안동 도산서원과 영주 향교에서 발송됐다. 이것을 신사척사론辛巳斥邪論이라고 한다. 안동향교에서 도내 유생 800여 명이 모임을 갖고 이만손을 상소 대표자로 추대한다. 상소는 4차에 걸쳐 영남 곳곳에서 합류하면서 큰 기세를 이뤘고 조정에서는 이를 받아들인다. 영양지역에서도 조병혁, 오병목, 조승기 등의 유생들이 참여한다. 남자현은 이 이야기를 들으며 가슴이 뛰었

. . .

7   청나라인 황쭌셴이 쓴 외교전략서로, 남하하는 러시아를 견제하기 위해
     조선은 친중국(親中國)하고 결일본(結日本)하며 연미국(聯美國)해야 한다는
     주장을 담고 있다.

다. 이 구석진 시골에서도 나라를 위해 할 수 있는 일이 있구나 하는 것을 느꼈기 때문이다. 하지만 그런 기회가 와도 자신은 아무 것도 할 수 없다는 생각이 들었다. 여자는 유생이 될 수도 없고, 국정에 감히 나설 수도 없지 않은가.

그러면서 그녀는 가만히 『논어』 제3편 팔일八佾의 한 대목을 읊조렸다. "정공[8]이 '임금이 신하를 부리고 신하가 임금을 섬기는 데는 어떻게 합니까.' 하고 묻자 공자가 말했다. '임금이 신하를 부리되 예로써 하고, 신하가 임금을 섬기되 충성으로써 하는 것입니다.定公, 問君使臣, 臣事君, 如之何, 孔子, 對曰 君使臣以禮, 臣事君以忠.'" 그래, 내가 여자이고 아직 어리지만 내 마음을 다하여 충성하면 그것이 옳은 길이 아니겠는가. 이렇게 마음을 먹는다. "맹자가 양주의 묵적[9]을 미워한 까닭은 비

. . .

8　정공은 노나라 임금이다. 공자가 노나라에서 벼슬하여 정공을 섬긴 바 있다.

9　묵적은 묵자(墨子, BC 480?~BC 390?)의 본명이며 전국시대 초기의사상가이다. 유가가 봉건제도를 이상으로 하고 예악(禮樂)을 기조로 하는 혈연사회의 윤리임에 대하여, 오히려 중앙집권적인 체제를 지향하여 실리적인 지역사회의 단결을 주장한다. 그의 겸애사상은 자신(自身) 자가(自家) 자국(自國)을 사랑하듯이 타인(他人) 타가(他家) 타국(他國)도 사랑하라는 것이다. 유가(儒家)의 인(仁)이 똑같이 사랑을 핵심으로 삼으면서도 존비친소(尊卑親疎)의 구별이 있음을 전제로 하는 데 반하여, 겸애는 무차별의 사랑인 점이 다르다. 맹자는 묵적의 이런 면모가 비현실적이고 말만 그럴 듯한 것이라고 공격한 것이다.

숫하게 하는 척하면
서 사실상 하지 않는
사이비였기 때문이
아니던가. 무엇이든
진심과 성실을 담은
충성이면 되지 않겠
는가."

지경리는 영양군
에서도 끝자락이다.
지경地境이란 이름은
영양과 진보의 경계
에 있다는 의미로 지
어졌다. 영양에 속해

경북 영양군에 있는 남자현 생가

있지만 진보에 더 가까웠다. 인근 노달마을 한쪽에 독굴이라
는 것이 있었다. 독처럼 우묵하게 생긴 굴이라 붙인 이름이라
고 하기도 하고, 도둑의 굴을 줄인 말이라고도 했다. 오십 명
이 들어앉을 만큼 큰 굴속에 소녀는 가끔 들어가, 난리가 나
면 여기에 숨을까 하는 생각을 해보기도 했다. 그러나 이내 머
리를 흔들었다. 나라를 잃으면 숨어서 사는 것이 무슨 소용이
리? 아버지와 경서經書가 가르쳐준 충의를 어떤 식으로든 실

천해야할 때가 지금이 아닌가. 그런 생각을 하며 마을 앞 큰 소나무(당시 당나무라고 불렀다)를 찾아가 나라가 힘을 되찾기를 빌었다. 소녀는 땍밭골宅田의 검소에도 가끔 놀러갔다. 검소는 물이 검은 연못인데, 여기에는 원래 검소바위가 있었다고 했다. 어느 여름날 하늘이 검어지고 천둥 벼락이 치더니 갑자기 바위가 없어졌다. 사람들은 바위가 신령이 되어 하늘로 올라갔다고 했다. 남자현은 자신이 검소바위였으면 좋겠다고 생각한다. 천신天神이 되어 나라를 지키고 싶었다. 그러나 이 땅의 어린 여자로서, 할 수 있는 일은 보이지 않았다.

1891년 남자현은 의성김씨 전서공후典書公后 매은공梅隱
公[10] 12대손인 김영주(金永周, 1862~1896.7.11, 김상주象周라고도 한
다)와 혼인을 한다. 김영주는 안동면 일직면 귀미동 출신이라
고 되어 있다. 박영석(건국대교수, 사회학)은 그가 영양군 석보면
답동에 거주하고 있었다고 주장한다('남자현의사의 민족독립운
동', 1994년 3·1여성 동지회가 주최한 '한국 여성독립운동의 재조명'에서
발표한 논문). 한편 남정한의 증손자인 남재각은 "원래 고조부
남정한 선생은 의성김씨 집성촌인 안동시 일직면 귀미동에 살

· · ·
10   의성김씨는 369개 이상의 파가 있으며 그 중의 하나.

왔고, 제자들에게 근왕창의勤王倡義와 위정척사를 가르치면서 당국의 감시가 심해져서 영양군 지경리로 옮겨왔다."고 말하고 있다. 즉 남자현의 집안과 김영주의 집안은 모두 안동에 거주하다가 영양으로 옮겨 생활했다는 얘기다. 남자현을 안동 출신이라고 말하는 것은 이런 이주 때문에 생겨난 논란이라고 볼 수 있다. 친정 증손자 남재각도 남자현과 김영주가 결혼할 무렵에, 김영주는 영양군 답곡(답동과 같은 곳)에 살았다고 증언했다. 이런 사실은, 남정한과 김영주 모두 안동 권역의 영향을 많이 받고 있었으며 의병 활동 또한 그쪽과 연계되어 있었을 가능성이 높았다는 사실을 말해준다. 남정한의 제자들은 대부분 의병 활동에 참여한 것으로 알려져 있다. 남편 김영주 또한 의병으로 나가 싸우다 1896년 7월 11일 진보 지역 홍구동[11] 전투에서 순국한다.

이쯤에서 영양 지역의 의병 활동을 한번 살펴볼 필요가 있겠다. 일제에 항거하는 의병활동은 전기와 후기로 나눈다. 전기 의병은 갑오의병과 을미의병을 중심으로 1894년에서 1896년까지 투쟁을 벌인 민간 부대이다. 1894년 청일전쟁 이후 일본은 조선에 군대를 주둔시키면서 조정에 내정개혁을 요구했

• • •
11 이 지역은 1914년 행정구역 개편 때 영양군 입암면 홍구리로 된다.

다. 조선정부가 이를 거부하자 6월 21일 경복궁을 공격해 점령했다. 그리고 친일내각을 구성해 자의적인 개혁을 추진한다. 이것을 갑오변란이라고 한다. 이에 항의해 의병이 일어났는데 이것이 갑오의병이다. 1895년 명성황후가 시해(을미사변)되고 단발령이 선포되자, 다시 전국적으로 의병이 들고 일어난다. 이것이 을미의병이다. 경북 지역 의병은 '퇴계의 군대'라고 할 만큼 이황(1501~1570)의 학문을 추종하는 유학자들로 구성되었다. 안동권을 중심으로 한 퇴계학파와 그 영향권에 있는 한주학파(寒洲 李震相 계열의 학파)와 정재학파(定齋 柳致明 계열의 학파)가 중심세력이었다. 보수적 유림사회의 학연과 혈연 전통 위에 서원과 향교가 결집하여 유림층을 움직이면서 창의의 규모를 확장해나갔다. 이들은 단순히 '변화'에 대한 거부감으로 나선 사람들이 아니라, 퇴계의 학통이 견지하는 세계관의 유연성을 유지하되, 중심을 잃은 국가 위기에는 결연하게 대응해야 한다는 태도로 나선 것이다. 한편 고종황제는 1896년 1월 6일 '애통조'라는 격문을 전국 의병에게 돌려 창의를 고무하기도 했다.

영양에서 가장 먼저 일어난 의병은 김도현(1852~1914, 김녕 김씨)이다. 1895년 12월 9일 단발령에 항거하여 영양읍에 통문을 돌렸으나 유림들의 반응이 미지근했다. 그의 영양에서의 기반이나 신분을 문제 삼은 것이었다. 학연과 지연으로 엮인 유림들의 전통에서 볼 때 그의 휘하에 드는 것은 마뜩잖은 일이었을 것이다. 그는 하는 수 없이 안동의 유시연의 권유를 받고 1896년 1월 3일 청량산에서 일가 사람과 촌민 19명을 거느리고 창의를 한다. 영양에서는 주곡 출신의 유생 조승기를 중심으로 부대가 구성된다. 김도현부대가 2월 6일 안동으로 들어갔을 때는 벌써 총포로 무장한 수백 명으로 편성되어 있었다. 하지만 영양, 안동, 영주, 봉화, 진보, 청송의 의진과 합진合陣을 요구했으나 번번이 거절당했다. 그는 "병사는 의리로 합하는 것인데 만일 마음이 같지 않다면 어찌 서로 합할 수 있으랴?"며 쓸쓸히 돌아섰다. 그는 3월말 예안에 가서 선성의진과 마침내 합진을 한다. 3월 20일 안동, 호좌, 풍기, 순흥, 영천, 봉화, 선성 등 7개 의진이 함창 태봉에 주둔하고 있던 일본군 병참부대를 공략하기로 합의한다. 전략도 없이 각개 약진으로 출격하는 전투. 그날의 상황이 봉화의진 대장 금석주와 선성의진 중군 김도현의 기록에 리얼하게 남아 있다.

16일 아침 포졸 50명과 모든 장관將官을 거느리고 모두 걸어서 산에 올랐다. 예안, 풍기 두 의진이 먼저 도착하여 포를 쏘았다. 다른 진은 일시에 함께 도착해서 산을 의지하거나 개울을 의지하고 있었는데 왜인 42명이 곧바로 나왔다. 풍기, 예안진이 먼저패하여 달아나고 영천, 순흥진은 산 위에서 내려오지 않았다. 호좌에서 온 병사들은 지난밤 함창 접전에서 대패한 바 있어서 감히 나아가지 못했다. 안동 중군이 태봉의 좌측 산위에 올라 잇달아 천보총을 발사했다. 왜병 1명이 죽었다. 왜병 10여명이 바로 앞에서 연속으로 총을 쏘니 천지가 흔들리는 듯했다. 이때 총을 맞아 죽은 사람이 7, 8인이고 부상자가 20인이었다. 기회를 봐서 포졸 53인을 나누어 다섯 개의 부대로 만들어 병참 앞, 개울 아래로 엎드려 나아갔다. 포수 엄학성이 부상을 입고 물러났다. 모든 군사들이 잇달아 총을 쏘아 왜병 1명을 더 죽였다. 이때 왜병 13명이 물을 건너 돌진했다. 일진이 또 왜병 3명을 쏴죽였는데 왜진이 일시에 쏟아져 나오니 그 예봉을 감당하기 불가능했다. 10개 읍의 의병들이 모두 놀라서 넋을 잃었고 50명의 군병은 역부족이었다. 부득이 병졸이 퇴각했고 의병진은 일시에 붕괴됐다. 나뭇잎이 흩날리고 벌이 흩어지듯이 어지러이 쫓겨났다. 장관들이 곧장 산양으로 내려오니 촌락이 텅 비어 한 사람도 없었다. 남은 병졸들을 모아 나머지 의병들이 돌아오는 길을 방어하였다.[12]

16일에 태봉을 향해 가는데 긴 시내가 하나 있고, 커다란 돌이 하나 있다. 산에 올라가 멀리 바라보기도 하고, 길을 물어 후군을 기다리기도 한다. 오직 선성의진이 앞장 서고 풍기, 영천, 순흥의 3진은 뒤를 따라 들을 덮고 나아간다. 나는 요지를 살펴 긴 둑을 의지하고 포를 쏘니 마을 사람들이 모두 도망을 간다. 오직 왜추倭酋 17명이 총을 메고 나오더니 역시 조그만 둑에 의지하여 포를 쏘니 탄환이 둑을 넘어 비 오듯 쏟아진다. 우리 진에서는 군사 하나가 왜의 포를 맞아 탄환이 겨드랑이를 뚫어 피가 몹시 흐르는데 그래도 아직 죽지 않았다. 이것을 보고 병사들이 모두 겁을 낸다. 안동 군사는 뒷산에서 포를 쏘니 우리 군사는 중간에 끼어 있다. 이에 영을 내려 퇴진하여 산으로 올라가 나무를 의지하고 바라보도록 했다. 이 싸움에서 내 아우 경옥과 동현은 포를 쏘아 흑추黑酋[13] 5명을 죽였고, 초장 이오동도 포를 쏘아 흑추 7명을 죽였다. 이로 하여 각 진에서 포로 적을 쏘아죽인 것이 수십 명이나 되었다. … 저녁 무렵 흑추 수백 명이 뒷산을 넘어 내려오는

• • •
12 금석주(琴錫柱) '일기' 병신(丙申) 2월.
13 검은 옷을 입은 조선 관군을 '흑추'라고 불렀다.

데 뜻밖에 포성이 터져 나오니 7진의 군사가 바람처럼 흩어지고 남는 것이 없다. 장졸이란 불과 친졸 15~16명뿐이니 그 형세 어찌할 수 없다.[14]

민간인들이 군인들에 맞서 싸우는 기개는 높이 살 만하지만, 조직력이 없고 상호 단결이 잘 되지 않은 진열陳列이었음을 느끼게 하는 대목이다. 유생들로 구성된 의병조직은 애국적인 의기는 드높았지만, 조선 정치의 분열을 가져온 당파적인 갈등이 여전히 잠복하고 있었음을 엿볼 수 있다. 이후 김도현 의진은 강릉의진과 연합작전을 펼쳐 서울에서 내려온 관군과 대공산성臺空山城과 대관령 가는 길에 있는 보현普賢산성에서 대접전을 벌였으나 패퇴한다. 6월 10일 김도현은 삼척에서 흩어진 군사를 수습하니 겨우 10여 명만 남았다. 그들을 이끌고 영양으로 돌아온다. 부대를 정비한 그는 6월 22일 검각산성을 중심 진지로 하고 입암전투와 소청전투를 벌였으나 화기의 열세로 패전했다.

이 무렵 입암면 연당리 사부령思夫嶺에서도 큰 전투가 벌어

• • •

14 김도현 '벽산(碧山)선생 창의 전말', 『독립운동사 자료집 2』(독립운동사편찬
위원회, 1963, 23~24쪽) 재인용(영양문화원, 『영양의 독립운동사』).

지고 있었다. 관군과 일본군은 '총알이 떨어져 사부령을 지나 영양으로 탄환을 공급받으러 간다'는 소문을 마을에 퍼뜨렸다. 이 소문을 들은 정태모(김도현 의진의 지원군)가 주민 30여 명을 모아 사부령에 가서 그들이 오기를 기다렸다. 적이 무기가 없다는 첩보를 입수했기에 그들은 도리깨와 괭이를 들고 나갔다. 그러나 적은 총을 쏘아댔고 주민의병들은 낙엽처럼 쓰러지고 말았다. 이 도리깨전투에서 순국한 12명을 '사부령 12열사'로 기리고 있다. 일본에 대한 적개심은 비단 의병뿐 아니라 시골 농민들에게까지 뼛속 깊이 스며들어 있었다는 것을 보여준 사건이다.

김도현은 7월13일 영양에서 영해로 넘어간다. 의병장 김하락의 영덕전투(7.13~7.14)를 지원하기 위해서였는데, 이곳에서 김하락은 전사하고 그 잔병들을 이끌고 다시 영양으로 넘어온다. 남자현의 남편 김영주가 진보에서 의병전투를 수행하다가 숨지는 것은 7월 11일로 기록되어 있다. 그렇다면 이때는 김도현이 검각산성을 중심으로 전투를 벌이고 있을 무렵이었다. 검각산성이 있는 마을은 청기면 상청리(소상동+소청동)로 김도현의 생가가 있는 곳이다. 그는 마을 뒷재(451m)에 길이 500m 가량 되는 산성을 쌓아 전투를 치렀다. 청기면과 진보는 그리 멀지 않은 곳으로 김영주가 김도현 의진의 병사였다면 충분히 거기에 있었을 개연성이 있다. 그의 소속이 김도현 의진이 아니었다면 두 가지의 가능성이 있다. 첫째, 허훈 의진. 1894년 허훈과 동생 허겸은 진보면 홍구동에서 의병을 일으켜 활약하다가 진보 안쪽으로 옮겼다. 1896년 초에는 이들이 진보의병을 조직해 활동한 바 있다. 둘째, 신돌석 의진. 1896년 4월에 영덕에서 일어난 이 의진은 영양과 청송을 오가며 물자를 확보했다. 식량과 병력을 구하기 위해 진보 일대를 누볐을 수 있다. 그러나 구체적인 일자를 맞춰 따지기는 어렵다. 김도현 의진은 7월 11일 영양에서 전투를 벌이고 있었으며 진보와 일월산을 오가며 작전을 펼쳤다. 특히 1933년 8월 26일자 〈조선중앙일보〉는, 남자현 순국 직후의 보도에서 '본적지에 본부를 둔 한국의병대 대장 김○○의 부하 김영주와 같이 ….'라고 말하고 있어서 그런 심증을 더욱 굳혀준다. 당시 그곳에서 활약하던 의병대장 중에 김씨는 김도현 한 사람뿐이며, 또 '본적지에 본부를 둔'이라는 표현이 김도현 생가가 있는 상청리의 검각산성을 의미하는 것으로 보이기 때문이다.

김영주가 참여한 부대가 김도현 부대라면, 남정한이 상당히 열린 태도를 지니고 있었음을 시사한다. 영양의 유생들이 오랫동안 그를 거부한 데 비해 남정한은 제자들을 보내 의병 활동을 적극적으로 지지한 것이 되기 때문이다. 안동을 기반으로 한 남정한과 김영주도, 영양에서는 마이너리티였을 수 있다. 남정한의 제자들 중 상당수는 안동을 기반으로 한 의진에 참여했을 가능성도 있다. 사실 당시의 의병 활동은 의병들만의 싸움이 아니라 주민 전부가 마음속으로 거드는 국민전투였으며, 남자현의 집안도 거의 전시戰時 상태나 다름없었을 것이다. 19세에 결혼을 했지만 남편 얼굴 보기는 정말 힘들었다. 공부를 하러 가기는 했지만, 사실은 의병활동의 전략을 논의하러 가는 것이나 마찬가지였을 것이다. 5년 동안 아기가 없었던 사정도 그런 맥락에서 수긍이 간다. '남자현 약전'에는 부친 남정한도 의병 활동을 했다고 기록한 곳이 있지만, 구체적인 활동은 찾기 어렵다. 아마도 제자들을 물심양면으로 지원하는 배후背後로서 역할을 했을 것이다. 날마다 조마조마하고 불안했던 '아내' 남자현에게 청천벽력 같은 뉴스가 들려왔다. 그녀 나이 24세. 남편 나이 35세. 많은 사람이 나날이 죽어가는 시절이었지만, 김영주의 죽음은 그녀를 견디기 어렵게 만들었다. 전투보다는 책읽기에 더 뛰어났던 사람이었다. 시절이 그를 홍구동의 산골짝으로 몰아넣었고 죽기 살기로 뛰던 이 남자는 '왜의 포를 맞아 탄환이 겨드랑이를 뚫어 피가 몹시 흐르는'(김도현의 '전투 기록'의 표현을 빌렸다) 채 숨을 몰아쉬며 죽어갔을 것이다. 지경리와 홍구면은 코 닿을 듯 가까운 곳이었다. 그는 죽어가며 마을 쪽을 바라보았을까. 남자현은 마을 앞을 흐르는 반변천 앞에서 무너지듯 주저앉으며 중얼거렸다. "여보, 저 아직 당신께 말씀 못 드린 것이 있어요." 그녀는 임신을 하고 있었다. "돌아오면 기쁘게 해드리려고 했는데 ⋯." 오열하는 딸 옆에 친정아버지 남정한이 묵묵히 서 있었다. 내가 무리하게 사위와 제자를 사지에 몰아붙여, 이런 일을 만들었구나. 미안하다. 내 딸아. 가만히 남자현의 어깨를 쓰다듬는다.

국가란 무엇인가. 나라가 있는 것과 없는 것은 어떻게 다른가. 국권을 침탈하는 이웃나라에 대한 증오는 어떤 것인가. 지아비와 아들을 '일본'과의 전쟁에 내준 남자현과 남정한의 마음을, 오늘 우리가 전혀 다른 상황에서 감정이입할 수 있을까. 하지만 그들은 슬플지언정 약하지는 않았다. 아픔이 닥쳐들수록 그들은 더 강해졌다. 그들은 무엇이 진실로 옳은지에 대해 더욱 치열하게 따졌고 비열한 굴절에 대해 침을 뱉기도 했다. 거기에는 신분의 고하도 없었고 성별의 차이도 없었다. 1982년 5월 1일자 《광복》지 '청사에 빛난 선열들-남자현 여사 편'에서 독립운동가 이강훈(1903~2003)은 인상적인 예화를 들었다.

참정대신으로 을사조약 사안을 반대하여 이토 히로부미가

수하의 군경을 시켜서 감금했던 한규설에게 딸이 있었다. 그녀는 이근택의 아들에게 시집을 갔다. 그녀가 데리고 간 몸종 소녀가 부엌에서 일을 하고 있다가, 이근택이 "내가 5조약 체결이 성공하도록 하였으니 이제는 평생 부귀영화를 누리게 되었다."고 가족에게 자랑삼아 말하고 있는 것을 듣게 됐다. 그러자 이 몸종은 이근택을 향해 "이 만 번 죽여도 아깝지 않은 도적놈아. 내가 너 같은 더러운 놈 집에서 종노릇하는 것이 부끄럽다."고 고함을 질렀다. 이근택이 종을 마구 때리니 그녀는 문 밖으로 뛰쳐나와 이웃사람들을 향해 "이 매국도적놈이 바른 말을 한다고 나를 죽이려 한다."고 외치다가 죽도록 두들겨 맞았다. 그는 또 한 열사가 5조약 늑결을 통분하여 자결할 때, 그 집의 노비도 망국을 통분하며 가만히 따라 자결했다는 얘기도 덧붙였다. 남자현을 비롯한 여성들의 결연한 정신에 대해 말하기 위해서 든 이야기이지만 짧은 에피소드 속에 가슴을 깊이 치는 무엇인가가 들어 있다. 절망의 안개 속에 길을 물은 채 펼쳐져 있는 한 여자의 생. 그녀는 닥쳐오는 삶에서 무슨 선택을 하며, 가파르고 외로운 길을 어떻게 걸어갈 것인가.

아직 김도현 의사의 이야기가 끝나지 않았다. 남자현의 남편 김영주가 눈을 감은 뒤 한동안 더 투쟁을 계속하다가 그해

10월에 총 113자루를 감춘 뒤 의병진을 해산했다. 1903년 그는 경북도 관찰사로부터 영양, 청송, 진보, 영덕, 영해 다섯 읍의 화적을 토벌하는 집강執綱이라는 직함을 받고 임무를 수행하기도 했다. 이 부분은 어떤 명분으로든 관군의 수족 역할을 하게 되는 상황이라 지금까지의 싸움과는 상당히 다른 면모로 보인다. 1904년 한일의정서, 1905년 을사조약, 1907년 헤이그 밀사사건에 따른 고종 퇴위 등 일련의 망국적인 상황들이 이어지자 중후기 의병이 일어나기 시작한다. 이때의 창의는 유생이 아닌 '유능한 의병장'을 중심으로 한 다양한 신분계층이 참여하는 특징이 있다. 김도현은 1906년 1월 21일 5읍도집강 때 함께 활동하던 포수 50~60명을 규합하여 의병을 일으킨다. 집강 시절에 거둔 '결납전'을 의병 군비로 썼다는 죄목으로, 안동진위대의 헌병과 순사가 진압에 나섰고 김도현은 검거되었다. 그러나 검거 과정에서 영양군수의 부정부패가 드러나 곧 석방된다. 1909년 그는 영양에서 영흥학교를 설립하고 계몽운동을 펼친다. 1910년 국권침탈 사건 이후 전국적으로 56명이 자결한다. 김도현은 1896년 선성의진의 중군장으로 활약할 때 이만도라는 사람을 알게 되어 사제관계를 맺었다. 이만도는 대한제국이 멸망하자 안동에서 24일간의 단식으로 자결한다. 단식하는 동안 그는 담담하게 제자들에게 경학을 강의했다. 김도현 또한 함께 가고자 하였으나, 부친이 생존해 있음을 들어, 스승이 만류했다. 1914년 아버지를 잃은 뒤 김도현은 도해순국蹈海殉國을 결심한다. 동해를 통해 걸어서 일본으로 가로질러감으로써 일제의 간담을 서늘케 하고자 했다. 그해 11월 2일 유시遺詩 3편을 남긴다.

이제 죽으면 어느 곳에 죽을 건가
옛 나라 땅덩이는 하나도 못 밟는 것을
노중련[15]이 바다 밟아 떠난 지 수천 년 됐지만
명월은 오히려 빛나도다[16]
당세의 평원군[17]이 어찌 노련자와 같으랴
나를 알고자 할진대 동해가에서 물어보려무나[18]

_절명시絶命詩

• • •

15 노중련(魯仲連)은 전국시대 제(齊)나라의 은사(隱士). 그는 무도(無道)한 진(秦)나라가 천하를 차지한다면 "나는 동해로 걸어 들어가 죽겠다(連有踏東海而死耳)"고 맹세하였다.

16 1914년 11월12일 손자 여래(礪來)에게 준 시.

17 조나라의 실력자로 노중련이 진나라를 막은 공로를 포상하려 하나 중련은 받지 않는다.

18 의병항쟁의 후원자인 김병식에게 준 시.

我生五百末 아생오백말

赤血滿腔腸 적혈만강장

中間十九載 중간십구재

鬢髮老秋霜 빈발노추상

國亡淚未已 국망루미이

親歿心更傷 친몰심경상

萬里欲觀海 만리욕관해

七日當復陽 칠일당복양

獨立故山碧 독립고산벽

百計無一方 백계무일방

白白千丈水 백백천장수

足吾一身藏 족오일신장

조선 오백 년의 끝자락 살았네
붉은 피 창자에 가득하구나
그사이 19년 동안
머리만 늙어 가을서리로다
나라가 망하니 눈물이 절로
아버지 여의니 심장이 또 욱신
만 리 바다가 보고 싶은데

이렛날이 마침 동지로다

푸른 옛 산에 홀로 서서

백 가지 계책 내도 한 방향이 없네

희고 흰 천길 물 속

내 일신을 담글 만하리[19]

김도현은 절명시를 남기고 많은 사람이 보는 가운데, 영해의 대진에서 바다 속으로 천천히 걸어 들어갔다. 그리고 생을 마감하였다.

남자현은 영양이 낳은 이 불세출의 인물을 늘 기억했을 것이다. 지역에서의 외면을 무릅쓰고 의병투쟁을 전개했고, 이 불행한 시대에 무엇이 가치 있는 삶인가를 늘 고민했던 김도현. 그녀보다는 21세가 더 많았으며, 저토록 인상적인 죽음의 뒷모습을 남긴 인물을 깊이 마음에 새겼을 것이다.

• • •

19 김도현이 도해 직전에 쓴 시. 『독립운동사자료집2』(독립운동사편찬위원회, 1983. 728쪽).

죽은 지 사흘만에 홍구동 비탈에서 당신을 만났소

목이 달아난 채 나뭇잎에 덮인 사람

괴춤에 들어있던 붉은 비단

비단폭 周-賢 두 글자가 아니었다면 당신인 줄도 몰랐을

거요

당신에게 첫날밤 노란 색실로 이름 새겨

드린 신물信物은 이날을 위한 예비였던가

이것이 먼저 가는 순서인 줄 알았다면

내가 지닌 賢-周를 드릴 것을

피묻은 그것과 내것을 맞추는 사이

피눈물 다시 배어듭니다

늘 따뜻하던 그 손이 차갑고

늘 차갑던 내 손이 지금은 따뜻하여

이제야 그 몸 데우는 날인데

우리 자현이 우리 자현이 그 따뜻한 음성

막 그렇게 불러줘야할 때인데

사랑해줄 그 눈길 그 입술은

어느 칼 끝에 꽂혀 사라졌는지

어느 굴헝에 처박혀 눈도 못감고 있는지

여보, 이것이 삶이오이까 이것이 죽음이오이까

한 뼘 땅도 지키지 못하고 한 치 앞도 내다보지 못하고

제 목도 찾지 못한 채 우는 이것은 어느 지옥이오이까

당신 유독 코가 커서 필경 콧대 높으리라 하니

대신 입이 낮지 않소 웃으며 대답하던 사람

코가 길어 길 永에 영주로구먼 했더니

아니야 코끼리라서 상주(象周, 김영주의 다른 이름)야

스스로 해명한 뒤 껄껄껄 웃던 그 사람

인도의 큰 강 건너는 향상香象되어 가시었소

돌아볼 땅이 없어 면목 없이 가시었소

첫사랑 접문接吻하던 그 신물 잃었으니

내가 그곳 따라가면 어느 입술로 나인줄 알까

을미의병 막바지

시골 볕英陽마을까지 분노가 흘러들어

친정아비 운보(雲甫, 남정한)는 일등제자인 당신을

창의倡義로 내밀었지요 그걸 거드는 내가 아니었다면

오로지 책벌레인 당신이 죽창 들고 나서진 않았으리

성난 마음을 깊이깊이 곰삭여

더 크게 싸우려고 호흡 가다듬었으리

그러니 당신을 죽인 건 나요

죽으러 떠난 길

돌담 어귀 끝까지 따라가서도 나는

웃으며 보냈소 돌아보는 당신에게

꺾은 모란 흔들었소

부질없는 눈물은 거두리라

이 곳볕만 해도 을미 과부 널렸으니

독특한 운명도 아니리다 국모도 제 궁宮 못지키는

능욕의 강토에 살아있는거나 죽어있는거나

진배없는 길일진대 새삼 울어 무슨

청승을 떨 것인가 통정문학 셋째 딸로 태어나

꽃떨기도 서러운 궁지窮地의 과부로

담담히 지리라 당신과 후생을 도모하여

호미 걸어두고 그 칠월 찌는 날에

헤어진 자리서 다시 만나 깊이 사랑하리라

여보, 코끼리처럼 큰 기남자奇男子여

그때가 오면 날 모른 체 마오

그때가 오면 피묻은 비단조각 두 이름

다시 나눕시다

여보, 실은 할 말이 있소* 오늘밤

꿈이 되어 잠깐 보이기를

(* 곧 돌아오리라 믿었기에

그때 선물 주리라 생각하고 뱃 속에 뿌듯이 자란

우리 사랑 미처 말꺼내지 않았소

이제 영문도 모른 채 아비 없는 자식으로

운명이 바뀌어버린 유복遺腹에게

무어라 하리 목없는 아비와 아비없는 새끼에게

뭐라 말을 건네리오

여보 미안하오 당신이 꿈에 와서

아이 이름이나 지어주오)

_빈섬 이상국

젊은 여자 남자현. 절망적으로 기울어져 가는 나라, 의병
으로 순국한 남편. 경북 영양이란 시골에서 유복자를 낳아 청
상과부로 살아가기. 그녀의 삶을 말해주는 단서들은 저 몇 개
의 거친 문장 속에 들어있지만, 무엇 하나 115년이 지난 지금
의 분별과 감각으로 쉽게 감정이입이 되지 않았다. 생각 끝에,
당시의 그녀를 직접 만나 인터뷰하는 방식으로 삶 속에 숨어
있는 열쇠들을 찾아보기로 했다. 인터뷰는 '가상假想 대화'의
형식을 빌릴 수밖에 없었기에, 창의력과 직관이 개입되지 않
을 수 없었다. 보다 실감나는 진실과 만나기 위한 불가피한 선
택이었다. 나는 고개를 들어 문이 열리는 안쪽을 보고 있었다.

이십대 중반쯤 되었을까. 눈이 크고 서글서글한 눈매를 지녔고 귀여우면서도 건강해 보이는 체구를 지니고 있었다. 환하게 웃음을 지으며 다가와 찻상 저쪽에 있는 방석에 가만히 앉는다. 그리고는 나를 향해 손을 내민다.

"악수라도 한번 해야죠?"

머쓱한 표정으로 나도 손을 내밀었다. 손매가 통통하고 온기가 느껴진다. 나도 그냥 이의 없이 상황을 수용하기로 했다. 문득 그녀가 낯익은 사람처럼 느껴졌다.

"지금 나이가, 스물 넷?"

"예. 그래요. 제겐 스물네 살이 아주 중요한 기점이었지요. 1891년 결혼을 했고 5년 뒤인 1896년에 남편을 잃었습니다. 나라가 타이타닉호처럼 침몰하고 있던 무렵, 산골까지 번진 의병전투에서 국오菊塢는 아름다운 목숨을 내놓고 말았습니다."

"국오? 남편 김영주 선생의 호가 국오였군요."

"예. 의성 김씨로 전서典書를 지낸 매은공梅隱公의 12대손이었죠. 서릿발을 견디는 국화밭菊塢을 사모한 사람이었습니다. 도연명을 좋아했기에 다섯 말의 봉급과 호연浩然한 뜻을 어찌 바꾸겠느냐며, 벼슬하기를 일찌감치 포기했었지요. 저물어가는 국운에 통음하면서도 내게는 항상 희망을 잃지 말라는 말씀을 하셨습니다."

"그를 잃은 건 큰 충격이었겠군요."

"그는 저보다 11살이 많아, 제겐 큰 의지가 되었던 분입니다. 워낙 학문에 열심이었는지라, 불매서원不賣書院에서 손꼽히는 고제高弟였죠. 그 분은 7월 진보 전투에서 돌아갔는데, 얼마 있지 않아 무서리가 내리고 담 밑에 소복같이 흰 국화들이 돋아났습니다. 저는 그 국화를 껴안고 흐느끼기도 했습니다."

"ㄱ 말씀 들으니 여기 국화향이 감도는 듯합니다. 그런데 불매서원은 …?"

"아, 아버지가 경영하시던 학원이었지요. 원래 안동에서 열었는데, 그곳에 일본의 압박이 거세지자 영양으로 옮겼습니다. 아버지는 '매화가 평생을 추위 속에 지내도, 향기를 파는 법이 없다梅一生寒不賣香'는 시에서 '불매不賣' 두 글자를 취해, 현판을 걸었습니다. 어려운 시절에 어떻게 살아야 하는가에 대한 웅변이었죠. 실제로 수회재(守晦齋, 남정한, 자字는 운보雲甫)는 퇴계 이후 영남사림의 기풍을 지킨 일대 양심良心이었습니다. 많은 의병운동이 아버지의 휘하에서 전개되었고, 수회의 제자들은 모두 의병이기도 했습니다. 불매서원의 지하에는 의병무기고도 있었습니다."

"수회라는 호는 주자학을 개창한 주희晦庵 선생의 뜻을 지키겠다는 의지를 담은 것인 듯합니다."

"아버지는, 성인의 꿈을 낮에도 밤에도 꾸고 있어야 성인에 가까워진다고 하셨습니다. 성인이란 슈퍼맨이 아니라, 자기에게 성실하고 타인에게 공경을 지닌 마음 바탕을 티 없이 실천하는 사람이라고도 말씀하셨지요. 아버지가 주자에 대해 이런 얘기를 해주신 기억이 납니다. '그분은 몹시 부지런히 공부하는 사람이셨다. 그가 공자의 뜻을 체계화한 것은, 불교의 화엄사상의 체계를 보고난 다음이었다. 가르침이란 우주와 인간의 이치를 설명하는 큰 틀을 짜는 게 필요하구나. 이렇게 생각하신 거지. 그래서 주자는 이치와 현상을 나눠 생각하고 설명하는 이理와 기氣를 사유하기 시작하셨다.' 어린 저는 불매서원 뒷자리에 있던 기둥 뒤에 붙어 서서 아버지의 강의를 들었답니다."

"수회재의 제자 중엔 빼어난 이가 많다고 들었는데…."

"예. 영양 일대에서는 명문이었습니다. 독립운동도 앞장서서 했고…. 그 중에 공서空嶼라는 호를 쓰는 분이 계셨지요. 쇠잔한 국운을 슬퍼하며 이 땅을 다시 새롭게 갈아엎어 오래전 연암燕巖이 '허생전'에서 갈파했던 '무인공도無人空島, 유토피아'를 만들고 싶다는 뜻을 담았다, 하였습니다. 공서는 나보다 세 살이 많았는데, 수회 스승이 분신처럼 아꼈던 제자였습니다. 공서는 어느 날 학우들에게 자신이 가장 좋아한다는 시를 읊었습니다. 매죽헌梅竹軒, 성삼문의 임사부臨死賦(죽음에 부쳐 시를 쓰다)였습니다. 절명시絶命詩라고도 하더군요. 모두가 의병 참전을 놓고 논의가 분분할 때, 불매서원이 떠나가도록 목청을 돋워 그는 이 시를 읊었습니다.

擊鼓催人命 격고최인명
回首日欲斜 회수일욕사
黃泉無一店 황천무일점
今夜宿誰家 금야숙수가

둥둥둥 북소리 사람 목숨을 재촉하고
고개 돌리니 해는 서산으로 지는데
황천 가는 곳 주막 하나 없을텐데
오늘밤 누구 집에서 잠 들리오

세조를 '나으리'라고 부르며 저항하다가 몸이 찢기며 숨을 거두기 전에 고개 들어 읊은 시라고 하였습니다. 세상에는 지켜야 할 것이 있고 그것을 위해 기꺼이 육신을 버려야 할 때도 있다고 말했습니다. 나는 그날 그 열변을 듣고 그만 그를 사모하게 되었습니다."

"사모하게 되었다고요?"

나는 어리둥절했다.

"예. 틀림없는 사실입니다. 오랫동안 끙끙 앓던 나는 부친에게 이 말씀을 드리고 말았습니다. 수회 스승은 가만히 나를 들여다보며 말했습니다. '네가 그를 사모하는 뜻이야 이루 말할 수 없이 지극한 것이리라. 오빠와 두 언니에 비해 유독 총명하여, 어린 시절부터 공부에 크게 뜻을 두었던 너였으니, 오죽하랴? 공서의 강지剛志와 혜안은 우리 서원의 자랑인 것을. 하지만 그가 기혼既婚하여 솔가한 몸이니 더 이상 마음을 두지 않는 것이 옳겠구나.'"

"이미 결혼을 했었다고요?"

"예. 1889년 공서는 결혼을 했고 이미 자식을 두었습니다."

"그래서, 어떻게 되었지요?"

"18살이 되던 해 내가 마음이 만든 병으로 시름시름 앓자, 아버지는 서둘러 혼처를 찾았습니다. 안동에서부터 집안끼리 잘 알았던 의성김씨 집안과 혼담이 오갔습니다. 내 나이 스물한 살의 그 가을, 내 가마가 그 집에 당도했을 때 살짝 젖혀진 비단 가리개 틈 사이로 소담하게 피어오른 흰 국화를 보았습니다. 햇살이 담장에 쏟아져 내려 그 꽃이 어찌나 눈부시던지… 그만 눈물을 흘리고 말았습니다. 그것이 내가 국오를 만나

게 되는 인연입니다."

"부군인 김영주는 어떤 사람이었습니까?"

"학문에서는 공서가 불매학원의 으뜸이었으나 스승의 가장 충직한 제자는 국오였습니다. 워낙 과묵하였으나 수회 선생의 창의倡義에는 언제나 그가 앞장섰습니다. 안동 유림들은 영양의 거사擧事를 보잘 것 없다 하였으나 그것은 내막을 모르는 말들이었지요. 국오는 영양, 봉화 일대를 넘어 동해안의 삼척 일대까지 활동한 의병대의 주요 간부였습니다. 저 또한 남편의 뜻을 좇아, 의병들을 돕고 밀계密計를 전하는 일을 맡았었지요. 국오는 신혼 때에도 집에 머무는 일이 드물었습니다. 공부를 하러 불매서원에 가 있거나 병사들을 훈련하는 곳에 머물러 있었습니다. 국오는 6척 장신에 힘이 장사였습니다. 전투에서 총알이 떨어졌을 때 곡괭이로, 무장한 왜경을 쓰러뜨리기도 하였습니다."

"국오와 공서는 서로 친했습니까?"

"친하다마다요. 서로 죽고 못 사는 친구였습니다. 나이 차이는 제법 났으나, 연장자인 제 남편이 공서를 깍듯하게 대했습니다. 학문에 대한 존경이기도 했고, 또 국오가 워낙 겸손한 사람이라 …. 사랑에서 공서와 술잔을 기울이는 날에는, 늘 시를 읊으며 시국을 걱정하였습니다. 공서는 술이 약해서 몇 잔만 들이켜도 얼굴이 붉어졌는데, 그래서 두 분이 함께 마신 뒤에는 오직 공서만 취한 얼굴이 되어, 국오가 놀리기도 하였더이다. 어느 날 두 분의 대화를 기억합니다. 국오가 물었습니다. 양혜왕梁惠王이 맹자에게 내 나라를 이롭게 하는 방법이 뭐냐고 물었을 때, 맹자는 '어찌 이로움'을 말하느냐고 꾸짖어 그 질문을 꺾어버렸소이다. 대학의 평천하平天下 장에 보면 이利로써 이利를 말하지 않고 의義로써 이利를 말해야 한다고 했으니, 양왕의 질문은 개인의 사사로운 이利가 아니라 나라를 생각하는 의義가 아니었는지요? 그런데도 맹자는 어찌 그것을 이로움을 취한다고 반박하였을까요. 이렇게 묻자 공서가 술잔을 기울이고는 대답하더군요. 국오, 맹자는 이로움 자체가 잘못이라고 말한 게 아닙니다. 양혜왕은 이오국利吾國이라고 말했습니다. 그 중간의 오吾자에 들어 있는 이기심을 나무란 것입니다. 나라에는 왕 말고도 대부와 선비와 서인이 있지 않습니까. 그런데도 오로지 개인소유로 나라를 들먹이며 그것이 이롭게 되는 것을 물었으니 성인이 적당하지 않다고 말한 것입니다. 그것이 단순한 이로움이 아니라 나라를 위한 의로움이 되려면, 더욱 치열하게 무사(無私)와 공평公平의 대의를 지녀야 할 것입니다. 나라가 침탈당한 데 대한 우리의 울분도 개인적인 원한이나 불편에 대한 분개나 외세에 대한 경멸

따위에 그쳐서는 안 됩니다. 큰 명분을 지니고 하늘에 합당한 이치로 싸워야 맹자 같은 성인도 박수를 칠 것입니다. 저는 그 자리에서 이 말씀을 가슴에 새겼습니다."

"김영주 선생을 여읠 당시 상황을 좀 말씀해주실 수 있으신지 …."

남자현은 나의 말에 이야기를 멈추고는 가만히 손수건을 꺼내 눈자위를 닦았다. 나는 식은 차를 조금 마셨다. 그제야 나는 남자현이 아래위로 흰 옷을 입고 있음을 깨달았다. 상중喪中이라는 의미였던가.

"김도현 의진義陣과 영양 불매비밀단不賣秘密團이 청송 일대를 지나가는 왜적을 협공하기로 한 것은 공서의 아이디어였습니다. 그리고 불매 쪽의 타격선봉장을 맡은 사람도 공서였고요. 그런데 거사를 앞두고 공서가 뱀에 물리는 사고가 일어났습니다. 아버지는 급히 국오를 내세워 영양의군을 지휘하게 했습니다. 서른 명의 비밀단이 진보의 골짜기에서 왜적 10여 명을 만났습니다. 이 정도면 우리 병력으로도 해결할 수 있겠다. 김도현 의진과 협진을 차리러 청송으로 가던 비밀단은, 굳이 그럴 필요까지도 없겠다는 판단을 했던 모양입니다. 국오가 신호를 하자 총성이 울렸고 왜적 수명이 그 자리에서 쓰러졌습니다. 그러자 큰 바위 뒤에서 벌떼같이 많은 적들이 나타났습니다. 그들은 순식간에 우리 의병들을 쓰러뜨렸습니다. 겨우 두 명이 살아남아 강으로 도망쳤습니다. 그 전투의 참담을 이루 말하지 못합니다. 스승은 이 충격으로 큰 병을 얻었습니다. 한꺼번에 제자 스물여덟 명을 잃었으니 오죽하겠습니까. 거기에 사위이자 애제자인 국오까지 끼어 있었으니…. 그날 김도현 의진은 이쪽으로 오지 않았다고 합니다. 뭔가 작전에 차질이 생긴 것입니다. 공서는 다행히 사고 때문에 목숨을 잃지 않았지만, 국오를 자신이 죽인 것이나 다름없다며 비통하게 울었습니다. 못 먹는 술을 마시고 대취해, 우리 집 앞 국화밭에 쓰러져 있는 것을 제가 간호하기도 하였습니다. 그 전투 이후에 영양의 의병활동은 거의 불가능하게 되었습니다. 당국에서 비밀단을 색출하는 작업을 시작했고, 마을사람들 속에도 간첩을 심어 동태를 파악하게 하였기 때문입니다. 하긴 뭐, 수회재께서 자리에 누우셨기에 실질적인 전력 복원도 어려웠습니다."

그녀는 다시 손수건으로 뺨 주위를 닦아냈다. "하지만, 국오가 돌아간 건 운명이었습니다. 나라가 사라지는 판이니, 선비 된 자로서 마땅히 해야 할 일을 하였던 것이니까요. 그 전날 밤, 저는 꿈을 꾸었습니다. 남편과 함께 산꽃이 만발한 고개를 넘어가고 있었는데, 갑자기 큰 바위 쪽에서 공서가 나타나 이쪽으로 뛰어오고 있었습니다. 우리가 바라보니 공서 뒤에는 거대한 구렁이 한 마리가 달려들고 있더군요. 남편은 칼을 뽑아 구렁이에게로 달려가 그 목을 깊이 찔렀는데 그만 칼이 부러져버리고 말았습니다. 세 사람은 혼비백산하듯 달음질을 쳤는데 문득 모두 벼랑에 서게 되었지요. 그런데 달려오던 구렁이가 우리 바로 앞에서 고개를 푹 꺾고 죽어버리더군요. 그제야 살펴보니 남편의 가슴께에 큰 상처가 생겨 피가 흐르고 있었습니다. 이 꿈을 저는 국오에게 얘기하지 못했습니다. 전투를 치러야할 사람에게 어찌 괴이한 흉몽을 꺼내겠습니까. 돌이켜 생각해보니 그때 꿈 이야기를 했던들, 왜적을 만난 순간에 좀 더 신중할 수 있었지 않았을까 싶은 통한이 앞섭니다."

"당시 유복자遺腹子가 있었는데 …."

"예. 일곱 달 쯤 되었을 겁니다. 겨울 무렵이었는데 통 들르지 않던 국오가 화차花茶를 마시고 싶다면서 들렀습니다. 그날 밤 그는 내게 이런 시를 읊어주었습니다.

겨울은 겨움이니
지겨움 역겨움 힘겨움의 시절이로다
지겹지 않고 역겹지 않고 힘겹지 않다면

어찌 희망을 품으리

더 이상 참을 수 없는

지겨움과 역겨움과 힘겨움이 없다면

어찌 죽음의 선을 넘으리 넘어서 다시 살아오리

추운 날 국화차 마시며 생각하네

지난 가을을 마시며 생각하네

지금이 춥지 않다면

추위서 얼어 죽지 않는다면

어떤 꽃이 다시 보이리

봄은 보는 일이니

오롯이 보기 위하여 이 겨울 이토록 겨움이니

유란幽蘭이여

겨운 네 속에서 이미 봄을 본다

이런 노래를 불러준 것은, 유복자의 운명을 예감했기 때문
일까요? 나는 겨울과 봄을 이렇게 가슴 떨리게 말해준 사람을
보지 못했습니다. 유복자의 아잇적 이름을 동춘冬春이라고 지
은 것은, 저 시 때문이었습니다."

"남자현을 남편은 유란이라 불렀군요. 국오와 유란. 참 잘
맞는 별호別號입니다. 그 후 공서는 어떻게 되었습니까." 문득

궁금해져서 물어보았다. 그러자 남자현은 웃으면서 고개를 저었다.

"저는 여기까지밖에 모릅니다. 저는 스물네 살이고, 막 국오를 잃은 슬픔에 찬 미망인이니까요. 임신한 몸으로 통곡하며 남편 상을 치르는 때이니까요."

인터뷰는 여기서 끝났다. 일어서서 나올 때 남자현은 내게 반지 하나를 보여주었다. "남편이 그날 대장이 되어 전투를 치르러 갔을 때 스승이 끼워주었던 반지입니다. 이 반지는 원래 의병장이던 공서가 끼고 있던 것이었죠. 불매단의 전통으로, 의병장의 무사를 빌며 서원에서 이 반지를 전달했지요. 국오가 돌아간 뒤 반지를 제가 따로 보관해왔습니다."

남편은 가고 유복자遺腹子를 낳았다. 아들의 이름은 김성삼金聖三으로 불리고 김선달善達, 영달英達이라고도 한다. 이 시기의 기록들은 저마다 달라, 20대와 30대의 남자현의 면모를 제대로 알기 어렵다. 여러 가지 기록들을 찬찬히 간추려보면, 우선 진보군 진보면에서 효부상을 받았다는 내용은 저마다 빠뜨리지 않고 쓰고 있다. 앞으로 무장투쟁가로 활약할 여인이, 유교적 윤리에 충실한 '다소곳한 상'을 받았다는 점이 인상적이기도 하다. 효부상은 며느리에게 주는 상일 것이니, 그녀가 당시 시댁에 가서 시부모를 봉양했다는 의미가 된다. 진보면에서 상을 받은 것을 보면 시댁이 석보면 답동에서 그사이 이사를 간 것으로 보는 게 옳을 것이다. 남편이 죽기 전에 남자현은 어디에 있었을까. 친정인 석보면 지경리에 있었을 가능성이 크다. 남편 김영주가 여전히 공부를 하고 있었고, 친정아버지와 함께 거사를 도모하고 있었기에, 그 뒷바라지를 해주고 있었을 것이다. 남편이 죽고 난 뒤 시댁인 진보면으로 갔다고 보는 게 자연스럽다. 어린 아들이 자라날 무렵 남자현은 시댁에서 생계를 위해 일을 해야 했던 것 같다. 길쌈을 하며 농사를 지었다는 기록이 있다.[20] 시댁에는 시부모가 모두 있었다는 얘기도 있고, 홀로 된 시어머니만 있었다고 하기도 한다. 남자현이 억척스럽게 일하는 모습을 보였다는 것은 집안에 남자가 없었다는 정황을 의미하지 않을까. 유복자 김성삼은 3대 독자로 알려졌다. 그렇다면 남자현의 시아버지도 외아들인 만큼, 그가 돌아가고 난 뒤 집안이 적막해질 수밖에 없는 상황이다. 그녀가 진보면에서 효부상을 타게 되는 계기도, 의병활동을 했던 남편의 애국적 행적과 함께 집안의 힘겨운 사정이 반영되었기 때문이라고 봐야 한다. 물론 그 가운데서도 그녀는 부드러운 성격과 치열한 자기 수행으로 적막한 집안에 웃음꽃을 피우기도 했을 것이다. 한편 조금 다르게 생각해보

* * *

20 『영양군지』(영양군, 1998년, 440쪽).

면, '효부상'은 시어머니의 장례를 곡진히 치른 며느리를 치하하는 상이었을 수도 있다. 관청에서 표창을 하기 위해서는 계기가 필요했을 것이다. 며느리 남자현에게 유복자를 키우며 어렵사리 시어머니를 모신 그간의 수고를 치하하고 3년상을 충실히 치른 점을 격려하여 상을 주지 않았을까. 그렇다면 효부상을 타게 된 뒤 그녀가 다시 친정으로 옮겨가는 것도 납득이 간다. 시어머니가 작고한 뒤 시댁에는 아무도 남아 있지 않았기 때문이다. 한편 석보면 지경리에 있던 친정은 수비면 계동[21]으로 이사를 한다.

남편 사후의 남자현이 영양에 머무르는 기간은 23년간이다. 이 23년은 유복자 아들이 24세가 되는 것을 의미하기도 한다. 아들이 장성해서 고향에 홀로 둬도 괜찮을 때까지 남자현은 묵묵히 기다렸는지 모른다. 그녀가 시댁에서 친정으로 오는 때는 언제쯤이었을까. 그것을 정확하게 밝혀놓은 곳은 없다. 기록을 종합하면 아마도 한일병탄의 해인 1910년 무렵이 아닐까 한다.[22] 친가로 온 뒤 그녀는 양잠을 하며 명주를 짜서 대구로 판매하기도 했다. 그리고 거기에서 나오는 돈으

• • •

21 수비면 계동에는 남정한의 묘소가 있다. 남재각 씨는 "세 번 가봤으나 산이 워낙 깊어서 여전히 찾지 못한다."면서 묘소 위치를 아는 사람이 돌아가는 바람에 이제 그곳에 가볼 수 없게 됐다고 한숨을 쉬었다.

로 부녀자 교육과 어린이 교육에 투자를 했다. 친정에서 그녀는 적극적으로 사회적인 활동에 관심을 보이는 듯하다. 양잠에 대해서는 조금 언급할 만하다. 일제는 우리나라가 천혜의 잠업지蠶業地임을 파악하고 1919년부터 잠업기술을 보급하고 뽕나무 식재에 대한 보조도 하는 등 본격적인 양잠 육성책을 펼친다. 일본강점기 때(1930년대 기준) 영양군의 잠업 종사자는 457명이었는데 여자 양잠업주가 115명, 여자 잠업조수가 308명으로 대부분 여성이었다. 그러니까 남자현은 양잠사업의 비전을 미리 본 셈이다. 그녀는 일찍이 투자를 하여 다른 지역으로 파는 유통 혁신을 통해 돈을 벌어들였다. 이렇게 벌어들인 돈을 처음엔 교육사업에 썼지만, 갈수록 의병 지원사업에 더 많이 쓰게 된다.

남자현의 의병활동에 관한 기록들은 그녀의 투쟁성과 애국심을 보여주는 데는 큰 도움이 되지만 사실적인 근거를 따

• • •

22 남편 전사 후 수비면 계리(동)로 이사했다'는 『영양군지』의 기록과 '가정을 꾸려나가던 남자현이 민족문제에 나서기 시작한 시기는 나라를 잃은 뒤였다'는 『영양의 독립운동사』기록과 '진보에서 효부로 표창되었다. 그 뒤 여사는 친가 부모 슬하에서 양잠을 하여 손수 명주를 대구로 수출하고 그 경비로 부녀들의 계몽운동과 제2세 국민들에게 글 가르치는 것을 소일로' 했다고 하는 『남자현 여사의 일생』(김시련, 남재각 정리)의 기록을 종합하면 대강 윤곽이 나온다.

지기는 어렵다. 이 당시의 활동을 가장 적극적으로 드러내고 있는 문헌은 조소앙의 『여협女俠 남자현전』이다.

선생은 성이 남南이고 휘를 자현慈賢이라 하며 경상북도 사람으로 고향에 있을 때는 집안이 부유했다고 한다. 18세에 동향 사람과 혼인하였는데 1년이 채 지나지 않아 적국의 세력이 창궐하여 조국이 망하게 되었으니 소위 합방조약이 체결되었다. 이때 선생의 나이 겨우 19세였다. 비분강개하여 눈물을 흘리며 남편에게 말하기를 '나라가 망했는데 가정만 온전할 수는 없습니다. 집이 불타고 있는데 불을 쬐면서 희희낙락하겠습니까. 저는 이미 죽기를 각오하고 나라의 원수를 갚을 생각입니다. 원컨대 죽어 지하에서 서로 보도록 합시다.'라고 했다. 이 한 마디로 이별을 고하고 집을 나가서 뜻있는 인사들을 끌어모아 의병을 조직하였다. 당시에 한일간에 어지럽게 전쟁이 벌어져 혈우血雨가 땅을 적셨다. 의인 열사들이 앞다투어 일어나니 그 남편은 참전하여 적군과 수십 회에 걸쳐 교전하다가 마침내 적병의 총에 맞아 명을 달리하게 되었다. 선생이 크게 부르짖으며 '나라의 적이 나의 원수이기도 하니 같은 하늘을 이고 살지는 못하리라'하고 맹세하였다.

드디어 스스로 의병대장을 맡아 적과 마주 싸워 여러 번의 승리를 거두었다. 당시의 적군들은 선생을 '한국의 여비장'이라고 불렀다. 선생이 싸움터를 떠돌기를 5, 6년, 적의 기세는 더욱 강해졌다. 이에 압록강 이북으로 투신하여 백두산과 흑룡강 일대를 종횡무진하며 삼한의 뜻있는 망명객들을 결집시켜 한국독립군을 조직하였다.[23]

3·1운동 이전의 남자현의 활약을 언급한 조소앙의 '스토리'는 다른 기록들과는 상당히 다르다. 우선 남편이 의병활동을 할 때 그녀 또한 함께 의병으로 싸웠다는 내용, 스스로 의병대장을 맡아 여러 번의 승리를 거뒀다는 내용, 조선 내의 일본군이 그녀를 한국의 여비장으로 불렀다는 내용, 1919년 이전에 이미 압록강 이북으로 투신하여 백두산과 흑룡강 일대를 종횡무진하며 한국독립군을 조직했다는 대목은, 다른 곳에선 찾아볼 수 없는 내용이다. 이 정도까지는 아니더라도 남자현이 영양 일대에서 의병활동을 적극적으로 했다는 기록은 여

• • •

23 1934년 《진광(震光)》 1월호에 실린 조소앙의 글. 조소앙은 임시정부 수립에 참여하여 국무위원과 외무부장을 지냈다. 1930년 한국 독립당을 창당하였고 해방 뒤 귀국하여 국민의회를 조직했다. 1948년 단독정부 수립에 반대하여 김구와 함께 남북협상에 참여했다. 정부 수립에 불참하였다가 제2회 국회의원에 전국 최다득표로 당선되었으나 한국전쟁때 납북되었다.

러 곳에 흩어져 등장한다. 1999년 3월에 세운 남자현지사 항일순국비문에는 "1907년 친정아버지 남정한을 따라 의병전쟁에 투신하였으니 지사의 파란만장한 생애는 이것이 시작이었다."라고 진술하고 있다.[24] 이보다 앞서 1982년 5월 '광복'지에 실린 이강훈 선생의 글은 이 내용을 좀 더 구체적으로 기술하고 있다.

… 을사5조약 늑결의 비운을 겪고 정미7조약 국군의 강제 해산을 계기로 후기 의병이 거진 전국적 규모로 봉기하여 1907년 가을 열사의 선친이신 남정한 선생이 의병을 일으켜 자택을 임시 의병장 영소로 삼고 활약하실제 남여사는 장정소집이며 정보수집책을 지고 적의 후방교란 등 여성의 입장으로서는 대담무쌍한 활약을 하신 것이었다. 그러나 이 의병진도 사력을 다해 싸웠으나 예리한 최신 무기로 장비하고 압란지세로 닥쳐오는 흉적에게 더 이상 대항할 수 없게 되매 남정한 선생의 밑에서 지도를 받으면서 활약하던 박철호, 남하진 등 우수한 투사들은 대개 만주로 망명하고 국내에서의 무장활동은 1909년 가을을 고비

• • •
24 전 국사편찬위원장 박영석 박사가 지은 비문.

로 만주 산악지대에로 이동하게 되었다. 그다음 경술국망
후 기미년까지 암흑한 시기, 뒤떨어진 지역사회에서 애국
사상 고취와 안으로는 가정생활 영위로 시간時艱을 극복
하다가 …. [25]

1994년 박영석 교수(건국대 사학과)는 '남자현여사의 민족독
립운동'이라는 제목의 논고를 통해 이강훈의 언급과 유사한
내용을 밝힌 바 있다. [26] 영양의 지식인이었던 남정한이 계동
자택에 '대장소大將所'를 설치하고 자체적으로 의병창의를 했

25 1982년 '광복'지 『청사에 빛난 선열들』 시리즈의 '남자현 여사' 편(이강훈).

26 1994년 10월 세종문화회관에서 있었던 제2회 한국여성독립운동사 학술
연구발표회에서 박영석 교수는 제1주제 발표를 통해 남자현 의사의 영
양 시절 의병활동에 대해 몇 차례 언급했다. '남자현의사는 1906년부터
부친인 남정한과 함께 의병전쟁을 전개하였다.' '그(부친 남정한)의 제자
70여 명이 모두 후일 의병활동에 참가하였다는 사실만 보아도 가히 짐작
할 수 있다.' 1907년에는 군대가 해산되기에 이르렀다. 이에 남자현 의사
는 친정아버지 남정한이 궐기하자 이에 남편의 동지였던 박철호, 남하진
등과 함께 의병전쟁에 앞장서서 참여하였다. … 남자현의사는 직접 의병
을 모집한다든가, 일본군의 동태를 파악하고 정보를 수집한다든가, 적의
후방을 교란시키는 등 감히 남성도 하지 못하는 일을 맡아서 수행하였
다. 이와 같은 남의사의 항일열의는 가히 주위 사람들을 감탄케 하였으
며, 남의사를 항일의 화신이라고 부르게 하였다. … 남자현 의사는 점점
더 심해지는 일제의 탄압 속에서도 꾸준히 지하 항일운동을 전개하였다.
그리고 그 와중에서도 남의사는 항상 국제정세의 변화와 국내 의 돌아가
는 추이를 관망하는 것을 게을리 하지 않았다. 보다 효과적인 항일투쟁

고 남자현이 군대소집책과 정보원 역할을 했다고 하지만, '영양의 독립운동사'(영양문화원, 2005)에서는 그 이름과 활동 내용을 찾을 수 없다. 또 남정한의 제자이면서 수하로 의병활동을 하다가 만주로 망명한 박철호와 남하진에 대한 내용도 확인이 어렵다. 이 부분은 좀 더 사실관계를 확인할 만한 자료가 요청된다. 다만 남자현이 영양 일대의 의병활동을 물심양면으로 도운 것이나, 부친인 남정한이 의병을 배출하고제자들을 지원했다는 주장은 상당한 개연성이 있다. 그녀는 피신해온 의병을 숨겨주고 치료하는 일을 하거나 군인들의 무기를 보관하는 일을 적극적으로 행했을 가능성이 크다.

이 시기가 중요한 까닭은 남자현이 남편의 죽음 이후 마음속에 깊이 숨겨놓았던 일제에 대한 분노를 조금씩 현실 속으로 꺼내기 시작했던 점과, 민족의식과 사회의식이 심화되는 기간이었다는 점에 있을 것이다. 그리고 그녀가 투쟁활동의 네트워크로 활용하는 종교적인 입문 또한 이 기간에 이루어졌다. 영양군에 처음으로 교회가 들어서는 것은 1906년이다. 청기면 찰당골에 사는 전원구田元九라는 여인이 개신교를 믿기

의 기회를 엿보기 위한 것이었다. … 홀로 계시는 시어머니와 유복자 성삼을 보살펴야 하는 남자현 의사는 고향에 남아 있으면서 독립운동에 부심할 뿐이었다.' 등에서 관련 내용들이 보인다.

시작해서 그녀의 시아버지와 시동생에게 전도를 했다. 당시 80여 호 되는 마을에 30~50명의 신자가 모일 만큼 부흥했다고 한다. 곧 이어 일월면 오리교회, 수비면의 수비교회, 계동교회 가 생겼다. 계동이면 바로 남자현 동네가 아닌가. 그녀는 신식 문명인 예배당을 접할 기회가 있었을 것이다. 그리고 중후기 의병으로 창의한 인사들은 '전문투쟁가'의 성격을 지녔는데, 남자현은 안동과 영양 일대에서 활동하는 의병인사들과 인맥 을 쌓게 된다. 이와 관련한 자료들이 보인다. 그녀는 1913년 부터 1918년까지 최영호, 채찬(백광운), 이하진, 남성노, 서석 진, 권모某와 연락하고 있었다.[27] 당시 채찬이나 최영호는 이 미 만주에 가 있었던 인물로, 국내 공작을 진행하는 과정에서 연결되었을 가능성이 있다. 또 안동 출신 김동삼과의 연관성 도 따져볼 만하다. 이들 상당수는 조선 내의 활동이 어려워지 면서 대거 만주로 이동하는데, 이런 대탈출이 남자현의 결행 을 자극하는 힘이 되기도 했다. 그렇게 내부 저력을 축적하고 있는 가운데 1919년이 되었고 3·1운동이 일어난다. 운명의 신이 남자현의 삶을 180도로 바꿔놓는 바로 그 뜨거운 함성의 순간이 닥쳐온다.

• • •
27 조선중앙일보, 1933년 8월 26일자.

1918년 11월 제1차 세계대전이 끝났다. 미국의 윌슨대통령은 그해 1월 '민족자결주의'를 새롭게 다가올 세계질서로 내놓은 바 있었다. 국내외서 독립운동을 하던 모든 이들은, 11월 이후 일제의 움직임에 촉각을 곤두세웠다. 전쟁 마무리를 위해 파리강화회의가 열린다는 정보가 돌았다. 우리 민족의 뜻을 알릴 좋은 기회였다. 그러나 우리보다 일본의 목소리가 훨씬 더 큰 게 현실이었다. 일본은 조선이 자발적으로 그들의 통치를 받아들이고 있으며 일본 덕분에 이 나라가 크게 발전하고 있다고 선전할 것이다. 우린 이 터무니없는 목소리를 어떻게 이길 것인가. 그게 문제였다. 일제 침략의 부당성을 알리는 아주 큰 목소리를 내자. 어떻게 내는가. 온 민족이 한꺼번에 달려나와 만세를 부르는 것이다. 대한독립이여 영원하여라. 그게 우리의 뜻이다. 이민족의 압제에 숨도 겨우 쉬며 살아가던 겨레가 인터넷도 없던 시절에 마음과 마음을 무선으로 연결하여 플래시몹flashmob을 연출한 것이다. 단지 만세만 부르는 비폭력 시위였지만 일제는 경악했다. 한민족의 지혜와 용기, 그리고 단결을 부정하려고 총을 쏘고 칼과 쇠갈퀴를 휘둘렀다. 석 달간 7,509명이 살해됐다. 3·1운동은 결코 말살할 수 없는 민족성의 힘을 보여준 세계 평화시위의 꽃이었다.

1919년 4월 1일 황해도 해주에 모인 3천여 명의 만세 시위 군중들 앞에는 흰 치마저고리에 태극수건을 쓴 여인 다섯 명이 서서 태극기를 흔들고 전단을 뿌렸다. 마치 월드컵 응원 때 재치 있는 패션을 한 여인들이 응원 리드를 하는 것 같았다. 그러나 일제는 가차 없이 여인들을 끌어가 감옥에 집어넣었다. 조사해보니 그들은 기생 월희김성일, 월선문응신, 해중월김용성, 형희문재민, 채주옥운경였다. 그들은 딱 한 달 전 고종의 인산因山, 장례식을 보러 서울에 왔다가 3·1만세운동을 접하고는 큰 감동을 받았다. 해주에 돌아와 청요릿집 복풍원 뒤채에서 시위 준비를 했고, 독립선언서를 구할 수 없어 직접 글을 지어 한글독립선언서 5천장을 찍었다. 감옥에서 이들은

불로 지지는 모진 고문 속에서도 끄떡하지 않았다. 기생도 이
랬다.

실물細流이 모여 대하大河를 이루고
티끌 모아 태산도 이룩한다 하거든
우리 민족이 저마다 죽기 한하고
마음에 소원하는 독립을 외치면
세계의 이목은 우리나라로 집중될 것이요
동방의 한 작은 나라 우리 조선은
세계 강대국들의 동정을 얻어
민족자결문제가 해결되고 말 것이다

_해주기생이 쓴 '독립선언서'[28]

저 기생의 단호한 결기에 눈물이 핑 돈다면 그것은 아마도
그대 마음속에 있는 '만세소리' 때문일 것이다.

시골 여인 남자현은 이 운동을 어떻게 받아들였을까. 그
녀는 1919년 2월 말에 간단한 봇짐을 들고 46년을 비비던 고

28 『인물여성사』(박석분, 박은봉, 새날출판사, 1994, 67쪽).

향을 떠났다. 얼마 전인 2월 26일 서울 남대문 통에 사는 김씨 부인의 편지를 받았고 그녀는 상경을 결심했다. 서울에서 외치는 만세소리에 자신의 목소리도 꼭 포함되어야 하기 때문이었다. 23년을 꾹꾹 눌렀다. 가슴속에 뚝뚝 듣는 피를 담아 외치고 싶었다. 편지엔 이렇게 적혀 있었다. "다음달 3월 1일 조선민족의 만세운동이 있을 것입니다. 연희전문학교 부근의 교회당에서 그날 아침 만납시다." 묻혀 있던 이 나라 최고의 여성 독립투쟁가를 광활한 땅으로 이끌어낸 김씨 부인은 누구였을까. 수비교회나 계동교회의 부흥회 때 만난 사람과 연결된 신자이거나 종교 지도자였을 가능성이 크다. 남자현이 의병 지원을 통해 맺어둔 투쟁가 네트워크의 사람일 수도 있다. 그녀는 서울 신촌에서 그해 3월 1일을 맞았다. 약속 장소에서 그 부인을 만났고, 교회 신자들과 할 일을 협의한 뒤 오후 1시 '조선독립선언서'를 배포하면서 만세를 외쳤다.

그날 밤 남자현은 23년 전에 헤어진 김영주를 꿈에서 본다. 땀에 전 모자를 벗어들고 홍구동 계곡에서 환하게 웃으며 부르는 모습. 어제 헤어진 것처럼 먼지 하나 묻지 않은 기억들이 풀려나오며 그녀는 묵직한 눈물이 좌우로 주르르 흐르는 것을 느낀다. "여보, 이제 나도 당신이 싸운 것처럼 싸울 거예요. 당신의 원수도 갚고 나라의 원한도 풀어야겠어요. 그러지 않으면 나는 사람이 아닐 거 같아요." "하지만, 당신 조심해야해. 이런 곳은 사내들의 판이라, 아낙이 들어와 일주일 견디기도 어려울 거야. 하지만 당신은 지혜롭고 강인하니까. 뭔가 해낼 수 있을 거야." 남편은 웃으면서 아내에게 다가오려고 몸을 기울인다. 그때 머리 한쪽이 터지면서 피가 주르륵 흐른다. "으윽, 내가 왜 이러지?" "여보, 기다려요! 내가 갈게요. 여보!" 남편은 힘없이 골짜기에 엎어지고, 아내는 미친 듯이 그곳으로 뛰어간다. 눈을 뜨니 두 팔을 허우적거리고 있다. 식은땀이 흥건하고 눈이 퉁퉁 부었다. 옆에서 부인 하나가 "괜찮으냐?"고 묻는다. 그녀는 힘없이 고개를 끄덕인다. 왜 이런 꿈을 꿨을까. 그녀는 문득 자신이 품에 넣고 온 것을 생각해낸다. 남편의 복수를 하겠노라고 서원하며, 임종 때 입었던 피묻은 저고리를 안고 온 것이다. 그래도 그토록 사랑한 사람이 곁에 있다는 것만 해도 그녀는 좋았다.

이쯤에서 47세 여인 남자현과 17세 소녀 유관순이 맞은 3·1 만세 운동을 겹쳐서 생각해보자. 남자현은 오후 1시 신촌에서 선언서를 배포하고 있었고, 이화학당 고등과 1학년인 유관순은 학내 비밀모임 '이문회以文會' 회원 6명과 중구 정동에 있는 학교 뒷담을 넘고 있었다. 그녀를 아끼던 프라이 교장선생이 "학생을 내보내 고생시킬 수 없다."면서 "가려면 나를 밟고 가라."고 교문을 지키고 있었기에 그를 피하여 내달린 것이다. 그녀는 종로 탑골 공원에서 벌어진 수천 명의 만세시위에 합류하고 있었다. 유관순은 3월 5일의 남대문역서울역 만세시위에도 참가해 보신각까지 행진하는 1만여 명의 대열에 끼었다. 10일 조선총독부는 중등학교 이상의 모든 학교에 대해 임시 휴교령을 내렸고, 유관순은 하는 수 없이 독립선언서를 몰래 몸에 숨긴 채 고향인 천안으로 내려간다. 이 소녀의 활약이 두드러지는 것은 아우내장터에서 있었던 4월 1일의 만세운동에서였다. 그녀는 이 모임을 기획하고 사람들이 손에 들고 흔들 수 있는 태극기를 밤새 만들었으며 전날 밤 봉화를 올려 각 지역의 호응을 확인했다. 이튿날 소녀는 대중 앞에서 "나라 없는 백성을 어찌 백성이라 하겠습니까? 우리도 독립만세를 불러 나라를 찾읍시다."라는 내용의 연설을 한다.[29] 이날 3천여 명이 큰 '대한독립' 깃발을 앞세우며 시위를 벌였고 천

* * *
29 이날 유관순의 연설은 다음과 같았다고 한다. "우리에겐 반만년의 유구한 역사를 가진 나라가 있었습니다. 일본놈들은 우리나라를 강제로 합방하고 온 천지를 활보하며 우리 사람들에게 학대와 모욕을 다하고 있습니다. 우리는 10년 동안 나라 없는 백성으로 온갖 압제와 설움을 참고 살아왔지만 이제 더는 참을 수 없습니다. 우리는 나라를 찾아야 합니다. 지금 세계의 약소민족들은 자기 나라의 독립을 위하여 일어서고 있습니다. 나라 없는 백성을 어찌 백성이라 하겠습니까. 우리도 독립만세를 불러 나라를 찾읍시다."(국가보훈처 제공 자료).

안 일본군 헌병분대원과 수비대원들이 총검으로 군중을 학살했다. 이때 유관순의 아버지 유중권과 어머니 이소제도 죽음을 당한다. 숙부인 유중부는 유중권의 주검을 둘러멨고 시위대는 병천 헌병주재소로 달려가 항의한다. 일제는 유관순과 유중부를 비롯한 주동자를 천안 헌병대로 압송했다. 유관순은 징역 3년형을 받았으나 계속 불복하고 상위법원으로 공소한다. 법원에서 그녀는 이렇게 발언한다. "너희들은 우리 땅에 와서 우리 동포들을 수없이 죽이고 나의 아버지와 어머니를 죽였으니 죄를 지은 자는 너희들이다. 우리들이 너희들에게 형벌을 줄 권리는 있어도 너희들이 우리를 재판할 어떤 권리도 명분도 없다." 1920년 3월 1일을 기해 옥중만세 운동을 주동한 뒤 그녀는 모진 고문 끝에 죽음을 맞는다.[30] 유관순에게 3·1운동은 시위가 아니라 거대한 일제의 폭압에 맞서 싸운 한 개인의 전쟁이었다. 그녀가 목숨을 초개처럼 버려가며 지키고자 했던 것은 무엇일까. 민족의 자존심과 존엄이었다. 그녀가 부르는 '만세'는, 당시 온 겨레가 들어 올린 손이 그랬듯이, 국제사회의 이성理性을 향해 펼친 필사적인 존재증명이었다. 그러나 지금에 와서 가만히 돌이켜보면 저 약소국의 뜨거

---

30 유관순에게는 1962년에 건국훈장 독립장이 수여되었다.

운 외침을 다른 국가들이 알았다고 한들 과연 그들이 일본의 국권 침탈에 이의를 제기하고 나섰을까. 국익을 위해 차갑고도 빠르게 주판알을 돌리는 국제 질서와 강국의 생리가 그때라고 달랐을까. 유관순의 항쟁과 죽음은, 결코 그들이 알았다 하더라도 그들에게 의미 있게 다가서지 못했을 '약자의 몸부림'이었다고 생각할 때 더욱 가슴이 아려온다. 하지만 3·1운동은 우리 민족 스스로가 아직 죽지 않았음을 서로에게 천명하는 계기였다. 죽음으로써 삶을 강렬하게 내보여준, 무수한 사람들의 용기와 결집은 또한 다른 약소국들에게 희망의 빛을 비추지 않았던가. 또 고종광무황제의 죽음은 이 겨레에게 '민족적인 실부失父 의식'이라 할 만한 절망으로 다가왔다. 독살설이 떠도는 가운데, 나라와 리더를 모두 잃어버린 존재의 위기감이 만세의 절규로 터져 나오지 않았을까. 유관순이 천안으로 내려갈 무렵, 남자현은 만주로 향하고 있었다. 유관순은 '만세운동'을 더 연장하고 확산하기 위해 고향을 택했지만, 남자현은 만세운동보다 더 직접적인 타격을 가할 '투쟁'을 생각하고 있었다.

휴교령 이후 서울은 더욱 삼엄했고 일제는 히스테리컬했다. 어디든 검문이었고 어디든 들이닥쳤다. 교회 사람들은 며칠만 좀 숨었다가 활동을 개시하자고 했지만, 원하는 투쟁을 하기엔 서울은 너무 좁게 느껴졌다. 이제 나는 자식도 다 키워 놓았고 아무 것도 거리낄 게 없다. 죽더라도 나쁘지 않다. 사사로이 분을 풀기 위한 길이 아니라, 가슴속에 휘몰아치는 뜨거운 무엇을 뿜어내며 일하고 싶다. 나는 왜 이런 질곡의 역사 속에 태어났으며 이토록 고통 받는 땅 위에 피어났는가? 그 질문에 답하기 위해 나는 떠날 것이다. 영양에서 연결해놓은 만주의 지인들을 찾아, 새로운 '남자현'이 되리라. 열흘간의 고뇌 끝에 내린 결정이었다. 영양땅의 효부이자 의병남편을 둔 열녀였던 그녀는, 미지의 거친 땅 만주로 떠난다. 영양을 떠나오기 전 아들 김성삼에게 이렇게 말했다. "나는 내 한 몸 편하자고 피신을 가는 게 아니다. 절뚝거린 역사를 청산하고 그릇된 것을 바로잡으며 살 만한 세상을 만들기 위해 망명하는 것이다. 나는 싸우러 가는 것이 아니라 이기러 간다. 벌판 같은 세상이 내 가슴에 있는데 어느 벌판이 무섭겠는가. 지금까지의 남자현은 잊어라."

나는 3·1절 90주년을 기념해 유관순 취재를 맡았다. 충남 천안시 병천면의 생가와 매봉교회를 둘러보고 그의 부모(유중권, 이소제)가 처참하게 살해되는 4월 1일 아우내장터의 시위 현장을 가만히 재구성하고 있었다. 숙부인 유중부와 유관순은 시신을 떠메고 헌병 주재소로 달려가 강력하게 항의하다가 마침내 투옥된다. 17세 소녀가 가슴 속에서 울부짖고 있었다. 화가 난 헌병이 칼을 뽑아 뺨을 찔러 피가 흐르는 그 상황에서도, 그들을 꾸짖고 있는 무서운 소녀. 나는 들끓는 격정을 식히려 서울 자하문터널 위쪽의 부암동으로 산책을 나갔다. 문득 남자현이 떠올랐다. 3·1만세운동이 삶을 뒤흔든 건 그녀도 다르지 않았다. 거기서 중년이 된 남자현을 다시 만나 인터뷰했다. 23년 전의 얼굴이 훨씬 단호해진 모습으로 그 얼굴 속에 희미하게 들어 있었다. 두려움과 불안이 느껴지던 지난번과는 달리, 신념에 찬 눈빛이 인상적이었다.

"그간 잘 계셨습니까?"

나의 인사에 남자현은 입을 깊이 다물면서 웃었다.

"그 말씀이 맞네요. 23년 동안 저는 잘 지낸 듯합니다. 집안의 남자들이 사라지고 난 뒤, 반가班家의 여자로서 품격과 살이를 함께 지키기 위해 무던히도 애를 쓴 것 같습니다."

"수회 남정한 선생은 언제 돌아가셨습니까?"

"사위를 잃고 나신 이태 뒤(1897년)였습니다. 동춘(김성삼의 아명)을 얻고 나서 병석에서도 뛸 듯이 기뻐하셨는데 …. 영양 의병전투가 있고 난 뒤 일제의 압박을 받은 당국에서 기동도 못하는 아버지를 잡아가 고문을 하였습니다. 스승의 제자가 대대적으로 참여한 전투였기에, 일제의 눈초리에서 벗어날 수 없었지요. 저 또한 위태로운 지경이었기에 한동안 시어머니를 모시고 영양을 떠나 잠적하였습니다. 그때의 상황이란 이루 말할 수 없습니다."

"수회선생의 타계 시기에 대한 자료가 전혀 남아 있지 않던데요?"

"일제가 아버지의 시신조차 가져가지 못하게 했기 때문입니다. 헌병대 주위에 가묘로 묻혀 있던 것을, 몇 달 뒤 남은 제자들이 죽음을 무릅쓰고 파내서 수비면 계동의 아주 깊은 산자락에 묻었습니다. 아버지처럼 동네에서 존경받던 오빠 남극창은 부친이 돌아간 뒤에 상당 기간 실종되었다가 주검으로 발견되었습니다. 어느 날 술을 먹고 돌아오다가 누군가의 습격을 받은 것 같습니다. 우리 집안에 대한 일제의 감시와 핍박이 심했던 때인지라 변을 당하고도 진상 파악은커녕 제대로 통곡할 수조차 없는 분위기였습니다. 오빠에게는 두 살 난 아들 하나가 있었는데 남훈오라고 하였지요. 훈오는 자라나서 수비면에서 대서방代書房을 하였습니다. 내가 결혼도 시켜주고 살이도 보아주고 했는데 …."

영양 남씨 집안이 피폐해진 것은 남극창의 손자인 남재각씨(88세)의 증언으로 들은 바 있다. 훈오는 아들 하나를 두었는데 그가 재각이다. 재각이 돌을 지날 무렵, 어머니가 시름시름 앓다가 돌아갔다. 남자현이 만주로 떠난 뒤 이 집안에 대한 일제의 핍박은 더욱 심해졌다. 견디다 못한 훈오는 세 살배기 재각을 버리고 한밤중에 홀쩍 떠나버렸다. 그 또한 만주로 갔는데, 그곳의 척식회사拓殖會社에서 글씨 쓰는 일을 했다. 졸지에 고아가 되어버린 어린 남재각은 동네 젖동냥으로 간신히 살아났다.

"진보면에서 효부상을 받았다고 들었습니다만 ….."

"생각하면 쑥스러운 일입니다. 그런 것을 받는 일이 가당키나 한지 …. 청상과부로 아들을 키워온 시어머니는 졸지에 아들을 보내고 나서 정신이 그만 이상해지고 말았지요. 근 이십 년 동안 망령이 들어 저를 무던히도 괴롭혔지요. '내 아들을 잡아먹은 것'이라며 밤마다 달려들어 머리칼을 쥐어뜯을 때마다, 제 마음속에 숨어있던 죄책감이 떠올라 견디기 어려웠습니다. 동춘을 껴안고 얼마나 많이 울었는지 모릅니다. 동춘아, 언제 겨울이 끝나고 봄이 오느냐. 그렇게 물었지요. 시어머니는 1915년에 돌아가셨으니 짧지 않은 세월이었습니다. 마을사람들은 우리 집을 가리켜 '눈물집'이라 하였지요. 남편 잃고 망령 시모 모시느라 날마다 흐느낀다 하여 그렇게 붙였다 하더이다. 그 시모상을 당하여 3년간 묘소에 여막을 치고 통곡을 하고 나오니, 진보면에서 상을 주었습니다. 그 상 덕분에 집안이 감시받는 것이 면제되고 살이가 나아졌습니다."

"공서는 어디로 갔습니까?"

"아, 공서. 그분은 항상 제 곁에 있어 주셨지요. 그 또한 영양 전투 이후에 늘 감시받는 사람이었는데, 그래도 불매서원을 지키려고 무던히 애를 썼습니다. 스승의 남은 제자들을 모아 다시 강의를 시작했지요. 공서는 어느 날 밤의 까닭 모를 화재를 겪게 되었는데 이때 그의 부친과 아내를 잃고 말았습니다. 국오가 간 빈자리에 공서는 제게 큰 힘이었습니다. 집안의 사사로운 문제를 모두 도와주고, 아이의 교육도 맡아주었습니다. 그 일만 일어나지 않았더라면, 우리의 삶도 많이 달라졌을지 모릅니다."

"그 일이라면?"

"눈물집에서 청상과부로 살고 있는 내게, 일본 헌병 하나가 관심을 가졌던가 봅니다. 후지와라라고 했는데 …. 이 사람이 어느 날 밤 집안으로 숨어들었습니다. 며칠 전부터 후지와라가 나를 노린다는 소문을 들은 공서는, 혹시나 하고 집 근처에서 지키고 있었던 모양입니다. 그가 담장을 뛰어넘자 공서도 함께 뒤따라 왔습니다. 나는 밖에서 부스럭거리는 소리를 듣고는 장도를 꺼내들고 기다리고 있었습니다. 후지와라는 총을 빼들고 문을 열었습니다. '쉿.' 그는 집게손가락을 들어 입술에 갖다 대고는 군화를 신은 채 마루를 밟고 안으로 들어오고 있었습니다. 그때 공서가 달려들어 총을 낚아채려고 했습니다. 총은 마루에 떨어졌고 곧 두 사람은 뒤엉켰습니다. 후지와라는 체구가 건장한 사내로, 공서가 감당하기엔 어려운 사람이었지요. 엎치락뒤치락하던 끝에 후지와라가 공서의 멱살을 쥐고 내리누르며 허리춤의 칼을 뽑는 상황이 되었습니다. 그때 내가 뛰어 내려가 그의 등을 은장도로 깊이 찔렀습니다. 공서는 몸 위에 축 늘어진 후지와라를 제치고 일어섰습니다. 그와 나는 그저 눈만 마주 보며 말없이 서 있었습니다. 한참 후에 죽은 일본인을 업고 걸어 나가며 그는 말했습니다. '나는 간도로 갈 겁니다. 건강하시오.' 이것이 영양에서 그를 본 마지막이었습니다. 후지와라의 시신은 찾을 수 없었고, 결국 실종 처리되었던 것으로 압니다."

남자현의 이야기 속에 거친 풍운의 시절이 워낙 생생하게 느껴져서 괜히 목이 칼칼해져왔다. 마음을 진정시키며, 물었다. "그 뒤에는 어떻게 지내셨는지요?"

"힘겹게 어머님을 모시느라, 의지할 곳이 필요해서 교회에 다니게 되었습니다. 거기서 세상에 대해 많은 것을 알게 되었고요. 교회에 다니면서 일본어도 조금 배웠고, 또 양잠 기술에 대해서도 알게 되어, 영양에서는 처음으로 뽕밭과 누에농사를 시작하기도 하였습니다. 원래 수비교회를 다녔는데, 나중에 목사님이 계동교회를 만드실 때, 내가 발 벗고 나섰지요. 1911년쯤의 일이었는데, 당시 교회는 만주 독립운동과 연결하는 중요한 고리이기도 했습니다. 아버지의 남은 제자들은 상당수 만주로 건너갔습니다. 석주 이상룡 선생은 부친이 안동시절부터 알고 지냈던 분이고, 일송 김동삼 선생은 시댁 쪽의 친척이었기에 연락이 오갔습니다. 하루는 서울의 한 교회를 다니던 한 신도가 고향인 영양에 찾아왔습니다. 그 여인은 3월 첫날에 큰 만세운동이 일어날 것이라는 얘기를 해주었고, 그때 서울에 올라오면 손정도 목사를 소개시켜주겠다고 하였습니다."

"만주로 간 공서는 그 뒤 기별이 없었습니까?"

"안동에서는 한일합방 후 세 차례에 걸친 만주 대이동이 있었는데, 1피避가 1911년 1월 석주(이상룡) 선생이 인솔한 대열이었고, 2피는 1912년, 3피는 1913년에 있었습니다. 공서가 떠난 건 3피 때였는데 만주행 기차를 타고 가서 단동에서 내려, 다시 그곳에서 마차를 타고 통화현으로 가서 이미 연락을 취해놓고 있던 동지를 만나 활동을 시작하였다고 들었습니다. 그 뒤의 일에 대해선 저도 모릅니다."

십이월의 북만北滿 눈도 안 오고

오직 만물을 가각苛刻하는

흑룡강 말라빠진 바람에 헐벗은

이 적은 가성街城 네거리에

비적匪賊의 머리 두 개 높이 내걸려 있나니

그 검푸른 얼굴은 말라 소년같이 적고

반쯤 뜬 눈은

먼 한천寒天에 모호模糊히 저물은

삭북朔北의 산하를 바라고 있도다

너희 죽어 율律의 처단의 어떠함을 알았느뇨

이는 사악四惡이 아니라

질서를 보전하려면 인명도 계구鷄狗와 같을 수 있도다

혹은 너의 삶은 즉시

나의 죽음의 위협을 의미함이었으리니

힘으로써 힘을 제除함은 또한

먼 원시에서 이어 온 피의 법도法度로다

내 이 각박한 거리를 가며

다시금 생명의 험렬險烈함과 그 결의를 깨닫노니

끝내 다스릴 수 없던 무뢰한 넋이여 명목瞑目하라!

아아 이 불모한 사변思辨의 풍경 위에

하늘이여 은혜하여 눈이라도 함빡 내리고지고

_청마 유치환의 '眉'

1960년대에서 1970년대 초반, '만주 웨스턴' 영화가 유행을 타던 때가 있었다. 근대사 속의 만주가 '동양의 서부'로 불리며 기회와 가능성의 판타지 공간으로 떠오른 것이다. 미국 할리우드의 서부 활극을 흉내 낸 장르로 만주독립군의 전투와 이들을 돕는 여성의 로맨스가 골격을 이루는 영화들이었다. 1970년 김영효 감독의 '황야의 외팔이'나 1971년 이만희 감독의 '쇠사슬을 끊어라'도 그런 트렌드 속에서 만들어졌다. 만주 웨스턴은 광활한 만주 벌판을 배경으로 이국적인 풍경 속에서 반공 민족주의를 강조하며 권선징악과 활극의 오락을 버무렸는데, 미개지를 정복하는 제국주의의 침략을 미화하며 문명의 폭력과 탐욕을 선으로 포장하던 미국 서부영화들만큼 각광을 받지는 못했다. 만주에 대한 우리의 입장과 처지가 당당한 서부개척과는 근본이 달랐기 때문일까. 2008년에 김지운 감독이 만든 '좋은 놈 나쁜 놈 이상한 놈'은 만주웨스턴의 향수를 부른 작품이었다. 1930년대 만주 공간을 배경으로 열차털이범(이상한 놈, 윤태구)과 마적단 두목(나쁜 놈, 박창이), 그리고 현상금 사냥꾼(좋은 놈, 박도원)이 서로 갈등하고 추격하는 영화이다. 역사적 사실의 재현 여부를 제쳐놓고라도, 만주가 우리 앞에 이렇게 다시 나타났다는 것만으로도 감회가 아닐 수 없다.

일제 치하 우리 겨레에게 만주滿洲는 무엇이었는가. '만주'는 그냥 남의 나라 땅이 아니다. 우리의 피를 끓게 하는 역사가, 반쯤 파묻힌 비닐자락처럼 바람과 함께 펄럭이며 우는 땅이다. 만주로 달려간 여인 남자현을 이해하려면, 그녀가 마흔여섯 살의 맨가슴으로 맞은 그 벌판의 바람을 느끼려면, 우린 그곳에서 우는 땅울음을 떠올릴 수 있어야 한다. 현재 만주는 행정구역상 중국 영토로서 대체로 동북3성(요녕성, 흑룡강성, 길림성) 지역을 말한다. 만주라는 말과 더불어 간도라는 명칭도 익숙하다. 간도는 압록강과 두만강을 경계로 하는 국경 인접 지역으로 두만강 건너편인 북간도와 압록강 건너편인 서간도로 나뉜다. 한국인들이 정착촌을 이룬 지역은 훈춘, 연길, 길림의 북간도 지역으로 대개 이 지역을 간도라고 부르기도 한다. 이 지역들은 신라가 삼국통일을 하기 이전까지, 고구려의 영토였으며, 고려와 조선에 이르기까지 경계지역에 사는 우리 민족들이 꾸준히 이주해 삶의 터전으로 삼아온 땅이었다. 고려말의 북방 호족 이성계는 인근의 여진족들을 통제하여 그 세력을 기반으로 왕조를 세웠다. 이후에 발흥한 여진의 청淸은 만주 지역을 조종祖宗의 발상지로 여겨 조선인의 거주와 활동을 제약한다. 그런 가운데서도 조선 농민들은 만주 지역으로 들어가 인삼 채취와 경작을 통해 생계를 유지했다.

1860년에 끝난 아편전쟁 이후 청은 서구열강에 문호를 개방했다. 근대적인 영토 의식에 눈을 뜬 이 나라는 만주지역의 배타적 지배관리에 새삼 관심을 지니고 이 지역에 사는 조선인들을 통제하려고 했다. 1883년 서북경략사인 어윤중은 백두산 정계비를 조사하여 '서위압록西爲鴨錄 동위토문東爲土門'이라는 여덟 글자를 확인하고 토문강 이남에 있는 간도가 조선의 영토라는 견해를 조정에 보고한다. 1885년과 1887년 두 차례에 걸쳐 조선과 청나라는 국경 교섭을 진행하였으나 결렬된다. 1894년 청일전쟁에서 패배한 청나라의 간도 지배력이 약화되자 러시아가 그 틈을 파고든다. 청은 이 지역을 만국공법(국제법)에 따라 해결하려고 한다. 1902년 대한제국은 이범윤을 간도시찰사로 파견한다. 그는 사병조직인 사포대私砲隊를 조직하고 조선인 보호와 세금 징수에 나선다. 1908년 일본은, 3년 전 을사보호조약으로 조선의 입을 묶어놓은 상태에서 청나라와 간도협약을 맺는다. 일본이 간도 영유권을 포기하고 청에게 넘겨주는 대신 안봉선安奉線[31] 개축권과 무순탄광 운영권을 얻는 협약이었다. 분쟁 당사국인 우리는 제외된 채 맺어진 어이없는 결탁이다. 하지만 그런 가운데서도 조선인의 간도 이주는 계속됐다. 1909년 98,500명이던 조선인이, 20년 뒤인 1929년엔 382,405명으로 불었다.

일본강점기 만주의 이미지는 몇 겹이 겹친다. 농지와 일자리를 찾아 몰려든 조선인들의 삶은 김동인의 단편 '붉은 산'에도 비친다. 처절한 궁핍 속에서 아귀다툼 같은 삶이 펼쳐지

• • •
31 압록강 건너 안동(安東)[현재의 단둥(丹東)]에서 봉천(奉川)[현재의 선양(瀋陽)]까지의 철도로, 한국에서 남만주철도로 연결되는 지선이다. 일본이 만주와 중국을 침략하던 시기에 한반도에서 만주로 병력과 군수물자를 나르던 보급로였다.

던 만주. 이것이 만주의 첫째 이미지인 '고통과 추위의 땅'이다. 남자현처럼 독립전쟁을 펼치는 사람들이 몰려들면서 이곳은 항일운동의 중요한 근거지가 된다. 두 번째 만주 이미지는 '레지스탕스의 땅'으로 저항이 숨 쉴 수 있었던 공간이다. 당시 만주는 일제가 대륙을 삼키기 위해 개발을 서두르고 있었고 특히 조선인 이주를 통해 지배권 합리화를 꾀하던 '동화同化 프로젝트'의 전략적 변경이었다. 이런 가운데 조선인에게는 그곳이 '기회의 공간'으로 떠오른다. 마지막으로 야만과 부패의 땅이다. 일본이 세운 만주국은 왕도락토王道樂土를 표방한다. 만주족, 몽골족, 한족, 일본인, 조선인 등 서로 다른 5개 민족의 화합 국가를 만든다는 것이었다. 이 같은 야심을 바탕으로 일본은 조선인 자본가의 만주진출을 독려한다. 일본 경찰은 이곳에서 항일집단의 색출 이외에는 관심이 없었으므로 치안 자체가 존재하지 않았다. 신경新京인 장춘과 하얼빈을 중심으로 아편 밀매가 성행하여 지식인 아편중독자가 대거 생겨났고, 사회 질서가 구축되지 않은 가운데 마적 갱단이 활보를 하며 전쟁을 벌이던 곳이었다. 부패와 활극이 시끌벅적하게 진행되던 만주, 이것이 '만주 웨스턴'을 이루는 핵심 이미지이기도 했다.

남자현은 만주로 떠나기 전 일주일간 서울에 있으면서 그녀의 일생에 큰 영향을 주는 한 사람을 만난다. 1915년에서 1918년까지 정동교회 담임목사를 지냈던 손정도(1882~1931)[32]이다. 유학에 밝은 손목사는 조선식의 학문과 교양을 갖춘 남자현을 한 눈에 알아보았다. 당시 38세인 종교인 독립운동가와 47세로 아홉 살 연상인 큰누님뻘 보통 아줌마는 정동교회 한쪽에 놓인 책상 앞에서 서로를 찬찬히 바라보았다. 남자현의 눈에 흐르는 비범하고 형형한 빛이 손목사의 마음을 사로잡는다. 그녀가 만주로 가겠다는 결심을 밝혔을 때 그는 놀랐다. "조선에서 여인 나이 47세면 규방에 깊이 들어앉아 자손의 교육이나 집안 살림에 매진해야 할 때이거늘, 그 젊지 않은 춘추의 몸을 이끌고 만주로 가신다니요? 8년 전에 제가 선교

• • •

32 손정도의 자(字)는 호건(浩乾)이며 호(號)는 해석(海石)이다. 1882년 평남 강서구 오홍리에서 토착 유학자이자 부농 가정에서 태어나서 어린 시절 한학을 배웠다. 6세 때 사숙에 입학하고 17세 때까지 유학(儒學) 공부를 했다. 1902년 20세 때 기독교 목사로부터 큰 감화와 깨달음을 얻고 새로운 종교에 입문한다. 1911년 목사가 된 손정도는 만주선교사로 파견되어 활동한다. 이 무렵 일제 가쓰라 수상의 암살 음모 사건이 일어나 검거선풍이 일었다. 그는 배후주동자로 체포되어 고문을 받았으나 무혐의로 풀려났다. 북간도에서 한인무관학교를 세우고 무기를 제공한 혐의로 다시 체포되어 전남 진도에 유배되기도 했다. 1914년 동대문 교회 담임목사를 맡았고, 이듬해인 1915년부터 정동교회 담임목사가 됐다. 남자현을 만난 것은 상하이 임시정부 활동을 하기 위해 떠날 채비를 하고 있던 무렵이었다.

사로 가 있을 무렵에 겪은 고초와 도처에 깔려있던 위험들을 생각하면, 참으로 말리고 싶은 일입니다."

"내 나이 스물네 살에 남편이 고향 앞산에서 병신년에 창의한 의병으로 순국한 뒤 유복자를 키워 그 아이가 스물네 살이 되었소이다. 홀로 계시던 시어머니께서 의병모義兵母라는 이유로 왜비倭匪들로부터 불의의 행패를 당해 크게 다치셨고 한동안 자리보전하시다가 끝내 돌아가셨을 때 며느리인 저는 분하고 슬퍼서 몇 번이나 혼절하였더이다. 산막山幕에 들어 미친 여자처럼 지내며 삼년상을 치르고 났더니 관官에서 효부상을 내리더이다. 시가에 사람이 모두 흩어져 빈집이 되고 말았으니, 하는 수 없이 친정으로 들어갔지요. 영양 의군義軍의 정신적 지주이던 친정아버지가 근년에 돌아가신 뒤 이제 내게는 혈육이라곤 아들 하나밖에 없소이다. 나는 많이 살았으니 당장 죽어도 여한이 있을 리 없지만, 유곡幽谷에 들어앉아 흐지부지 살기에는 왜倭에 대한 한恨이 너무 크고 뚜렷하여 그것을 풀고 가는 것이 그간 은혜지은 인연들에 대한 보답이라 생각하고 있습니다. 다행히 안동과 영양의 내외척內外戚 뿌리들이 만주 일대에 건너가 있는지라 그들과 호응하여 일을 하면 뜻한 바를 이루지 않을까 합니다."

"여인으로는 보기 드문 큰 여사女士를 만난 듯합니다. 만주에 가시면 함께 도모할 일들이 많을 듯합니다. 맹자가 말한 '효자지지孝子之至는 막대호존친莫大乎尊親이요, 존친지지尊親之至는 막대호천하양莫大乎天下養이니 위천자부爲天子父하니 존지지야尊之至也요 이천하양以天下養하시니 양지지야養之至也'[33](효자 중에서 으뜸은 부모님을 받드는 것보다 더 나은 것이 없고, 부모님을 받드는 것 중에서 으뜸은 천하를 봉양하는 것보다 나은 것이 없다. 하늘의 아버지가 되었으니 높임의 으뜸이요, 천하로 봉양하는 것이니 봉양의 으뜸이다.)라는 대목이 떠오르는군요."

"시경詩經의 영언효사(永言孝思, 길이 효도할 것을 생각함)에 대해 친정아버지께 거듭 배운 바 있으니, 뜻에 몸이 움직이도록 마음을 굳혀 온 것입니다."

유학으로 다진 두 지식인은 서로 고개를 끄덕이며 만주 결행決行을 다짐한다. 남자현은 1919년 3월 9일에 만주로 향하고, 손목사는 4월에 상하이 임시정부로 간다. 그녀의 열차 수속은 손목사가 해결해준다. 9일 새벽 경성역에서 남자현은 아들 김성삼을 만난다. 성삼은 영양에서 안동으로, 안동에서 김

- - -
33 맹자의 『만장 장구 상(萬章 章句 上)』의 4장에 나오는 구절. 효는 천하의 법칙(孝思維則)임을 강조한 글.

천으로 이동하여 거기서 기차를 타고 경성에 도착했다. 모녀
는 상인 복장 차림으로 만주행 열차에 오른다. 의주를 지나 랴
오닝성 안동(安東, 지금의 丹東)에서 내렸다. 거기서 네 바퀴로
된 마차를 타고 육로를 달렸다. 그때 남자현은 어릴 때 읽었던
연암 박지원의 '열하일기'를 생각하고 있었다. 감수성 뛰어난
소녀의 마음을 깊이 흔들었던 '호곡장好哭場' 스토리. 1천2백
리 한 점 산도 없이 펼쳐진 요동벌판(랴오허강 동쪽으로 펼쳐진 평
야)을 보면서 연암은 이렇게 외쳤다. "내 오늘에 처음으로, 인
생이란 본시 아무런 의탁함이 없이 다만 하늘을 이고 땅을 밟
은 채 떠돌아다니는 존재임을 알았다. 아, 참 좋은 울음터로
다. 가히 한번 울어볼 만하구나." 과연 망망대해 같은 벌판은
통곡하기 좋은 곳이었다. 세상에 영웅이나 미인이 자주 눈물
을 짜지만 그들은 몇 줄의 소리 없는 눈물방울을 지렸을 뿐,
소리가 천지에 꽉 차서 쇠와 돌 속에서 나오는 듯한 절절한 울
음은 울지 못하지 않았던가. 연암은 이 탁 트인 벌판에서 왜
울게 되는가에 대해 이렇게 설명한다. 어린아이가 뱃속에 있
을 때는 캄캄하고 막힌 것에 에워싸여 답답하다가 갑자기 넓
은 곳으로 빠져 나와 손과 발을 쭉 펼 수 있고 마음이 시원스
레 환하게 되니 어찌 한바탕 크게 울음을 터뜨리지 않겠는가.
그렇듯이 이 요동벌판에서도 마치 탄생의 고고성처럼 크게 천

추대곡千秋大哭을 할 만하다는 것이다. 추사 김정희가 말한 '출세이제선'(出世而嚌先, 세상에 나오면서 제1성으로 우는 것)이 소름 돋을 만큼 실감났다. 나, 남자현 또한 이제 새로 태어나 천하를 향해 크게 한번 통곡하리라.

　　모자는 지린성 통화현通化縣에 도착했다. 이곳은 조선 압
록강과 비교적 인접한 지역이다. 통화현의 미동尾洞에 있는
김기주金紀周의 집에 아들 성삼을 맡긴다. 김기주가 누구인지
는 확실치 않다. 김영주와 먼 핏줄 종형제從兄弟일 가능성이
있다. 한일합방 이후 안동 영양 일대에서는 만주 바람이 불었
다. 1911년 일피(一避, 제1차 대탈출) 이후, 1912년 이피, 1913년
삼피 행렬이 이어졌다. 이때 남자현 시댁과 친정의 친인척이
나 지인들이 대거 만주로 이동했다. 그녀가 낯선 만주행을 결
심하게 된 데에는 이런 선발先發 인맥들이 이미 그곳에서 자리
를 잡고 있었던 까닭도 컸다. 김기주가 남자현의 아들을 선뜻

맡아준 것은, 그녀의 독립운동을 지원하는 의미였을 것이다. 안동 유림儒林은 만주의 삶 자체를 지역 의병투쟁의 연장으로 생각하고 있었다.

안동 출신으로 만주의 독립운동에 가장 중요한 역할을 한 사람으로 석주石洲 이상룡(李相龍, 1858~1932)을 들 수 있다. 임시정부 초대 국무령을 지낸 그와 남자현은 한족회와 서로군정서[34] 활동을 통해 대면對面하고 함께 행동했을 가능성이 크다.

• • •

34 한족회와 서로군정서: 서로군정서는 1919년 11월 안동 출신 인사들이 참여하여 서간도 유하현 삼원포에 조직한 독립운동 단체로 1922년 1월까지 활동했다. 서간도 지역에 이주한 조선인들의 자치 활동을 지도하고 독립전쟁에 대비하기 위하여 설립되었다.

그 이전 1919년 1월 부민단의 제도와 사업을 이어받아 한족회를 조직하였다. 이후 한족회는 군정부를 따로 조직하였으나, 대한민국 임시정부가 설립되자 1919년 11월 서로군정서로 이름을 바꿔 임시정부의 산하기관으로 활동하였다. 1920년 청산리 전투 이후 간도참변을 겪으면서 독립군 기지는 물론이고 한인사회마저 흔들렸다. 이때 서로군정서는 조직 활동이 불가능해졌다. 1922년 1월 대한통군부의 결성에 참여함으로써 한족회와 서로군정서는 발전적으로 해체하였다. 한족회의 주요부서와 간부진은 중앙총장 이탁(李鐸), 서무부장 김동삼(金東三), 법무부장 이진산(李震山), 학무부장 윤기섭(尹琦燮), 재무부장 안동원(安東源)이었다. 그 밖에 한족회에 참여한 안동 지역 출신으로는 권기일(權奇鎰)·김규식(金圭植)·김성로(金聲魯)·배명특(裵命特)·배영진(裵永進)·이상룡(李相龍)·이준형(李濬衡)·이형국(李衡國)이 있다. 지방자치조직으로는 1,000호마다 총관(總管), 100호마다 가장(家長), 10호마다 실장(室長)을 두었다. 그리고 이주한 인사회를 보다 굳건히 결속시키기 위해 기관지인 『한족신보(韓族新報)』를 발간하였다. 한족회는 각 민족학교 및 신흥무관학교를 통해 독립군을 양성하고 군자금을 모금해 무기를 구입하는 등 무장항쟁을 준비하기 위하

1919년을 기준으로 이상룡은 62세였고, 남자현은 47세로 열다섯 살 차이가 났지만 두 사람 모두 나이로 보면 노장에 속했다. 독립군 진영의 지리멸렬을 극복하고 사소한 차이를 극복한 통합투쟁으로 나아가야 한다는 소신을 지니고 있었던 이상룡은, 지긋한 여성 지식인 투쟁가에게 관심을 보였을 것이다. 초기 남자현의 만주 활동이 교육사업과 함께 조선인 각 단체들의 화합과 화해에 집중되었던 것은 석주의 미션이었을 가능

여 군정부 건립에 착수하였다. 3·1운동 발발 후 국내에서 몰려오는 청소년과 이주한인사회의 자제들을 모아 신흥무관학교 등에서 군사훈련을 시키고 군정부의 중요기구인 독판부와 정무청 및 의회를 구성하였다. 한족회가 이같이 활발히 준비하는 가운데 1919년 4월 상해에서 임시정부가 수립되었다.

이에 군정부는 서로군정서로 개칭하고 임시정부의 산하기관으로 독립항전의 기능을 갖는 군정부의 역할을 담당하게 되었다. 서로군정서에 참여한 안동인으로는 독판 이상룡, 법무사장 김응섭(金應燮), 참모부장 김동삼, 서무부장 김성로, 학무부장 김형식(金衡植), 그 밖에 김규식·김동만(金東滿)·김만수(金萬秀)·김만식(金萬植)·김원식(金元植)·김장식(金章植)·김중한(金重漢)·김창로(金昌魯)·문창호(文昌鎬)·류림(柳林)·이광민(李光民)·이봉희(李鳳羲)·이승화(李承和)·이운형(李運衡)·이준형이 있다. 서로군정서는 군자금을 모집하기 위해 서간도에 거주하는 한인들로부터 군자금을 갹출하고, 특파원을 파견하여 군자금을 획득하였다. 또한, 1919년 5월 신흥강습소와 신흥중학교를 이어 신흥무관학교를 만들어 본격적인 군대 육성 체제로 독립군을 양성하였다. 이렇게 모집된 군자금과 독립군을 바탕으로 서로군정서는 국내 및 서간도 지역의 친일 세력을 제거하는 한편, 국내로 들어와 일본 경찰의 주재소와 관공서를 습격·파괴하는 활동을 전개하였다.

성이 있다. 남자현으로서는, 안동 1차 엑서더스(대피)(1911년) 때 아흔아홉 칸의 종택(고성이씨)인 임청각(臨淸閣, 1519년 건립, 보물 182호)을 처분하고 조상의 위패를 땅에 묻고는 식솔 50여 명을 이끌고 훌훌히 떠난 석주 이상룡의 명성을 익히 들어 알고 있었으리라.

그보다 더 오래전 의병항쟁을 할 무렵부터 석주와 교분이 있었을 가능성도 있다. 안동 출신인 부친 남정한 또한 의병 활동을 전개한 바 있는데다가 서로간의 학문적인 교유까지 감안한다면 가문끼리도 알고 지내는 사이였을 수 있다. 이상룡 또한 고향 인근의 여인이 독립투쟁을 하러 왔다는 소문을 듣고 큰 관심을 가졌을 것이다. 남자현이 이상룡과의 만남이 가슴 뛰었던 것은 11년 전에 들었던 어떤 이야기 때문이었다. 의병 활동을 하다 좌절을 겪은 이상룡이 이 싸움에는 본질적인 문제가 있다는 것을 깨닫고 스스로 문제 분석에 들어간다. 그리고는 "이 민족이 시세에 어둡기 때문에 일본에게 당했다."고 진단한다. 이때부터 이상룡은 동서양의 책들을 섭렵하기 시작했고, 칸트, 홉스, 루소의 책을 독파했다. 54세였던 그는 노비문서를 불사르고 모든 종들을 해방시켰다. 안동에서 이런 결단을 한 사람이 바로 석주였다. 석주의 결단은 남자현에게도 충격을 주었고 만주행을 결심하는 데 큰 역할을 한다. 그녀는 1911년 1월 27일 석주가 신의주에서 발거(跋車, 썰매수레)를 타고 압록강을 건너며 읊었던 피맺힌 시를 좔좔 외고 있었다. 석주의 마음이 곧 그녀의 마음이었기 때문이다.

삭풍이어검朔風利於劍 늠름삭아기凜凜削我肌

기삭유감인肌削猶堪忍 복할영불비腹割寧不悲

기탈아전택旣奪我田宅 복모아처노復謀我妻怒

차두영가작此頭寧可斫 차슬불가노此膝不可奴

북풍은 칼날보다 날카로워

/ 쩌렁쩌렁 사람 살을 베어내는구나

살을 베어내는 것 따윈 괜찮다

/ 배를 가른다 한들 슬퍼할쏘냐

이미 논밭과 집을 빼앗아놓고

/ 처자식을 빼앗으려 넘보는구나

내 머리는 잘라가려면 잘라가라

/ 내 무릎은 네놈 종노릇 못한다

담요로 얼기설기 바람을 막았으나 추위와 굶주림에 곧 죽을 것 같은 아이들을 쓰다듬으면서도, 그는 꿈쩍하지 않았다.

이 강렬한 기개와 에너지를 지닌 사람! 그녀에게 석주는 그런 사람이었다. 이 압록강 도강시渡江詩 한 편의 임자를 마주한 것만으로도 그녀는 행복했다. 서로군정서 독판(督辦, 리더)인 이상룡과 촌뜨기 여인에서 이제 막 만주에 도착한 새내기 남자현은, 그 직위의 높이와는 상관없이, 암울한 시대를 떨치려는 독립투쟁에 남은 생애를 바치려는 결의를 다지고 있었다.

또 한 사람의 안동맨으로 남자현과 깊은 인연이 있는 사람은 일송一松 김동삼(金東三, 1878~1937)을 꼽을 수 있다. 그녀가 서로군정서에 입단하게 되는 것은 일송이 연결해줬기 때문이라는 기록도 있고 또 두 사람이 친인척 관계라는 주장도 있다. 남편 김영주와 김동삼이 모두 의성 김씨로 안동에 함께 거주하였던 것으로 미루어 혈족血族일 가능성이 높다. 김동삼은 만주로 건너온 뒤 이름을 바꿨다. 원래는 김긍식金肯植이었다. 그는 1913년 중국의 동북삼성東北三省 혹은 동삼성을 뜻하는 의미인 '동삼'으로 개명한다.[35]

• • •

35 만주 개명 붐: 이상룡 또한 국내에서 불렸던 이름은 이상희(李象羲), 이계원(李啓元)이었다. 이상룡의 동생으로 함께 독립운동을 했던 이봉희(李鳳羲)는 어린 시절의 이름을 그대로 간직했다. 다소 무명에 속하는 많은 독립투사들 또한 만주에서 개명을 했던 것으로 보인다. 남자현의 고향 사람인 채찬은 만주에서 백광운으로 활동했다. 국내에서 활동을 펼쳤던 인물과 만주에서 활약한 인물의 이름이 서로 달라 행방을 찾기가 어려운

남자현보다 다섯 살 아래인 김동삼은 서간도 독립군 기지 개척의 선구자였다. 또 만주 독립군의 통합에 노력했던 사람이다. 1907년 3월 김동삼은 안동에 설립된 근대식 학교인 '협동학교'의 교감이 된다. 여기에서 일하면서 비밀결사 조직인 신민회와 대동청년단에 가입한다. 1910년 한일합병 후 이들 조직은 해외에 독립운동 기지를 건설하기 위해 만주로 온다. 이듬해인 1911년 김동삼도 서간도 유하현 삼원보에 도착해 신흥강습소 설립에 참여한다. 또 경학사 사장 이상룡李相龍을 도와 독립운동 기지 건설에 힘을 쏟는다. 1914년엔 신흥학교 1~4회 졸업생들과 노동야학 졸업생 385명을 인솔하여 통화현 팔리초의 산속에 백서농장白西農庄을 짓고 장주庄主가 된다. 이로써 김동삼은 만주 독립군의 거장으로 떠오른다.

1919년 국내 3·1운동의 영향으로 길림에서도 '대한독립선언서'가 발표되었는데, 이때 그는 민족대표 39인의 한 사람으로 서명하였다. 서간도 한인 사회에서도 같은 해 4월 경학사의 후신이었던 부민단을 전 서간도 지역으로 확대하여 한족회를 설립하고, '군정부'라는 독립군 조직을 편성하였다. 이때 김

경우도 많다. 남정한의 제자이자 의병활동가였던 남하진과 박철호, 김영주의 동지였다고 하는 남성노, 서석조, 최영호, 이하진 또한 이명으로 활동했을 가능성이 크다.

동삼은 한족회의 서무사장庶務司長을 맡았다가, 11월 '군정부'가 서로군정서로 개편되면서 참모장에 취임한다. 남자현이 만주에 갔을 무렵은 그 즈음이었다. 시댁의 혈족인 김동삼은 만주 독립운동 진영에서 상당한 위치에 올라 있었다. 이 낯선 곳에 온 그녀에게, 고참인 그는 배려와 지원을 아끼지 않았다.

초기에 남자현은 아들과 함께 통화현의 한 시골마을에 집을 짓는다. 통나무를 우물 정井자 형태로 거듭 쌓아 지붕을 돌이끼로 덮는, 이 일대 특유의 '틀방집'이었다. 이 무렵 서로군정서 부독판을 지낸 여준(呂準, 1862~ 1932, 여조현祖鉉·肇鉉으로도 불렀다. 호는 시당時堂)이 많이 도와주었다. 그는 정주 오산학교 교사 출신으로 서전서숙瑞甸書塾을 세웠던 교육자이다. 그녀는 11세 연상의 그에게 사석에선 '여선생'이라고 부르고, 그는 그녀에게 '남선생'이라고 부르며 서로 성을 바꿔야 하는 것 아니냐며 농담을 하기도 했다. 남자현은 그곳의 노래민(老來民, 오래 전에 이주해온 조선족)의 도움으로 밭뙈기를 얻어 농사를 짓는다. 그때까지도 만주에는 벼농사가 거의 없었고 평지는 토지 얻기가 어려워 대개 우거진 원시림의 산비탈에 불을 놓아 화전을 개간했다. 거기에 감자와 옥수수, 보리를 심어 연명했다. 또 메밀도 심었다. 풀밭에 아무렇게나 씨를 뿌려놓아도 메밀은 쑥쑥 자랐다. 겨울에는 메밀국수가 가장 든든한 양식이었다.

이곳에선 석유가 귀해서 거의 구할 수가 없었다. 사람들은 전나무 뿌리를 캐서 그것에 불을 붙여 들고 다니며 등잔불로 대신했다. 또 소금도 몹시 비싸고 귀했다. 소금장수가 오면 동네사람들은 저마다 강냉이를 봇짐째 들고 나왔다. 소금 한 줌에 강냉이 한 짐을 모두 줘야 했다. 만주는 땅도 넓지만 하늘은 더 넓었다. 처마 밑, 별이 쏟아지는 추운 하늘 아래 허술한 옷을 걸친 아이들이 파랗게 떨며 별빛을 받고 있었다. 조선 사람이 모여 사는 곳이면 그러나 어디든 학교는 있었다. 그때고 지금이고 교육열만큼은 뜨거웠다. 남자현은 이 교육열이 겨레의 희망이라고 판단했다. 무기도 중요하지만 결국 저 몽당연필이 세상을 바꿀 것이라고 믿었다. 만주는 워낙 광활하게 비어 있는 땅이라 사람들이 몰려 들어온다 해도 별로 표시나지 않고 띄엄띄엄 흩어져 살게 된다. 집집마다 가축을 많이 키웠다. 특히 닭과 돼지가 많았다. 남자현도 닭 100여 마리를 사서 길렀다. 창고에 널려 있는 옥수수를 사료로 썼다. 손님이 찾아오면 닭을 잡아 대접하기도 했다. 아이들은 계란으로 군 것질을 했다. 삼실로 달걀을 칭칭 감아서 불 위에서 구워먹는 것을 즐겼다.

남자현은 일송 선생이 일궈놓은 백서농장에서 일을 하기 도 했다. 끝없이 들어가는 산속에 있었다. 이곳은 독립운동 을 하는 군인들이 중심이 되어 농사를 짓고, 수익은 군자금으 로 쓰는 둔전屯田이었다. 김동삼은 산을 일궈 논을 만들어놓 았다. 그리고 벼농사를 보급하였다. 현재 중국 동북지역에 논 이 없는 곳이 없을 만큼 일반화되었는데 이런 농사의 변화에 는 일송을 비롯한 독립운동가의 노력이 숨어 있다. 남자현 또 한 벼농사에 필요한 수로水路 활용과 모내기에 대한 컨설팅을 해주기도 했다.

하지만 만주의 삶은 언제 어디서 '죽음'과 '폭력'이 덤벼들 지 모르는 불안하고 암울한 생활의 연속이었다. 1919년 3·1 운동 이후 만주의 독립운동군은 세 갈래로 형성되었다. 광복 단 단원이던 김좌진이 북간도 왕청현으로 가서 대종교 지도자 인 서일과 손잡고 만든 북로군정서가 있었고, 이시영, 이동녕, 이상룡이 만주 액목현에 근거지를 두고 창설한 서로군정서(사 령관 이청천)가 있었다. 또 봉오동에 근거지를 둔 홍범도가 만든 대한독립군도 있었다. 이들은 각각 경쟁적으로 투쟁을 벌여 상당한 전과戰果를 올렸는데 봉오동 전투에 이은 청산리 전투가 그 백미였다. 1920년 10월 16일 길림성 화룡현 청산리에서 김좌진은 매복 작전으로 일본군 선발대를 대파하고 기세를 몰아 본부대와 일본 사단본부가 있는 마록 고지를 향해 전진한다. 이틀 낮밤 동안 전투가 펼쳐졌다. 일본군 사상자는 3,300여 명에 이르렀고, 독립군 전사자는 90명이었다. 압승이었다. 그러나 승리를 기뻐하기도 전에 일본군들의 무자비한 보복 대학살이 시작됐다. 당시 축성에 있었던 미국 장로교 선교사 마틴의 수기를 잠깐 들여다보자.

"10월 31일 연기가 자욱한 찬랍읍 위성에 가보았다. 사흘 전 새벽 무장 1개 대대가 예수교 마을을 포위하고 남자라면 노소를 막론하고 끌어내어 패 죽였다. 겨우 살아 있는 사람은 불타는 집이나 짚더미에 던져 타죽게 했다. 이 상황을 울지도 못하고 바라보던 아내와 어머니 가운데는 땅바닥을 긁어 손톱이 뒤집힌 이도 있었다. 사흘을 타고도 다 못 탄 잿더미 속에서 한 노인의 시신이 나왔는데 몸에 총구멍이 세 군데나 있었고 … 반쯤 탄 19채의 집에 돌아다녀 보니 할머니와 며느리들이 잿더미 속에서 덜 탄 살

덩이와 부서진 뼈를 줍고 있는 것을 보고 나는 하느님에게 기도를 드렸다."

왜군들은 500명의 보병이 기관총과 야전탄으로 무장해 봉천, 홍경, 왕청, 동대파자, 대황강, 탄박강 등 남만주 일대까지 휩쓸었다. 수많은 주민들을 학살하거나 생매장했고, 수백 호의 부락은 그들이 지나가고 나면 10여 명만 살아남기도 했다. 이것이 만주였다. 무자비한 것은 일본군만이 아니었다. 일본은 항일 집단에 대해서만 경찰력을 행사할 뿐, 일반 치안에는 관심이 없었다. 이곳에는 마적 떼와 비적, 공산주의자들도 들끓었다. 만주의 어느 구석에 숨어 있어도 평화는 늘 잠정적인 고요일 뿐이었다. 살아 있는 것은 지금 숨 쉬는 것일 뿐, 무법의 이국땅에서 '죽는 일'은 일상다반사였다. 남자현은 그런 살벌한 땅에서 학교를 열고 교회를 세우는 일에 몰두했다.

통화현에서 보이던 남자현의 행적은 다시 액목현額穆縣으로 옮겨진다. 통화현과 액목현은 모두 길림성에 있는 도시이지만, 성省의 이쪽 변경과 저쪽 변경인지라 거리가 만만찮게 멀다. 통화현은 서남쪽의 요녕성에 가깝지만 액목현은 동북쪽의 흑룡강성에 다가가 있고 조선의 국경으로부터도 더 멀어졌다. 남자현은 왜 액목으로 활동무대를 옮겼을까. 이 이동에는 일본의 독립군 토벌 전략이 맞물려 있다. 1920년 8월 일제는 항일독립군 활동이 점차 기세를 올리는 것에 대해 부담을 느끼고 이들을 협공 작전으로 토벌하려는 전략을 펼쳤다. 시베리아에 출병한 제19사단이 남하하고 나성에 있는 제 21사단이 북상하여 그 안쪽에 있는 서로군정서를 비롯한 군사집단들을 옥죄는 방법이었다. 그런데 독립군 진영은 이 정보를 미리 입수하고 긴급이동계획을 세운다. 서로군정서는 이 때 안도현 삼림을 통과하여 북간도로 빠져나갔다. 서로군정서의 각 기관은 액목현으로 근거지를 바꾼다. 이때 남자현 또한 생활 근거지를 옮긴 것이다. 이해 10월에 청산리 전투가 있었고 일본군들의 보복만행이 있었다.

이 대목에서 상당히 중요한 에피소드 하나가 등장한다. 청산리전투 이후 적에게 쫓겨 숨어다니던 독립군 10여 명이 액목현 남자현이 살던 집에 우연히 들어온 것이다. 그들 중 일부는 부상을 입고 있었고 때마침 닥친 추위로 대부분 동상이 심했다. 이들은 문을 들어서자마자 굶주림과 피로에 지쳐 마당에 털썩 주저앉았다. 하지만 남자현의 집은 긴급한 이사로 임시로 바람만 막아놓은 곳이라, 이들을 치료할 수가 없었다. 그녀는 마을의 구장區長인 조선인 이규하의 집으로 달려가 도움을 청했다. 이구장은 일본군의 보복을 두려워하여 난색을 표

했다. 남자현은 이렇게 말했다. "이들이 무엇 때문에 죽음을 각오하고 싸운 것입니까? 바로 구장님과 저를 위해서 저렇듯 젊은 목숨을 초개처럼 버릴 각오로 투쟁을 하고 있는데, 우리가 목숨 따위를 걱정하여 저들을 버려서야 되겠습니까?" 이규하는 그 말을 듣고 몹시 미안한 표정이 되었고, 부상자들을 업어 자기 집 마루로 날랐다. 병사들을 따뜻한 방으로 들이려 하자 남자현은 소리쳤다. "동상자는 그렇게 치료하면 안됩니다. 이 집에 불을 때지 않는 창고 방이 없는지요?" 이규하가 냉방으로 안내하자 남자현은 마당 한 쪽에 있던 비어 있는 큰 독 4개를 방으로 옮겼다. 거기에 차가운 물을 반쯤 채운 뒤 병사들에게 모두 그곳에 들어갔다 나오라고 말했다. 그들이 어리둥절해 하자, "나를 믿으시오. 예전에 영양에 살 때에 의병들이 집단 동상으로 우리 집을 찾았을 때 아버지가 가르쳐준 방법이오."라고 말했다. 그들은 차례대로 30분가량 알몸으로 독안에 들어갔다. 남자현은 마치 아들을 씻기듯 온몸을 부드럽게 닦아주고 안마를 했다. 그리고 따뜻한 방으로 옮겨 음식을 대접했다. 이날 뜻밖의 세심한 배려와 따뜻한 보살핌에 어린 병사들은 눈물을 흘리기도 했다. 그때 남자현은 말했다. "큰일을 하는 사람이, 눈물이 웬 말인가? 그대들의 몸과 마음에 나라가 달려 있으니, 우리에겐 이만한 보람이 어디 있겠나?"

이날 이후 독립군들 사이에서 남자현은 '어머니'라는 호칭으로 불렸다. 나이도 나이이지만, 육친처럼 챙겨주는 그 부드러운 자애에 젊은 병사들이 크게 감격한 까닭이었다.

이런 소문은 과장되게 퍼져나가 남자현을 불편하게도 만들었다. 액목현 대황지 윤상무尹相武라는 사람 집에는 이야기 만들기를 좋아하는 사람이 잠시 와서 기거했던 것 같다. 그는 액목현에 '독립군 여자대장'이 나타났으며 그녀는 신출귀몰하여 벽을 타고 허공을 날아다니는 내공을 지니고 있다고 소문을 퍼뜨렸다. 이 사람은 윤상무의 집 벽에 발자국을 찍어놓고 이것이 '신출대장神出大將'의 흔적이라고 말했다. 뛰어난 리더를 갈구하던 그곳 지역 사람들의 입을 통해 소문은 발 달린 듯 일대로 퍼져나갔다. 만주에 있는 많은 동포들과 교육기관 선생들이 이곳으로 달려와서 발자국을 보면서 감탄하고 가는 상황이 됐다. 이런 신이神異한 것들을 좋아하고 믿는 사람들은, 남자현을 교주敎主로 추대해야 한다는 주장을 내기도 했다. 그녀는 이런 소문을 접하고 깜짝 놀랐다. 그녀는 오이성과 함께 사태의 원인이 어디에 있는 것인지 조사했다. 그리고 그런 장난을 친 동포와 그 가족들을 마을에서 축출했다. 사람들은 자신을 추앙하는 분위기를 물리치고 실상을 바로잡은 결단에 대해 장하다고 말했다.

또 그녀는 마적단과 담판을 벌인 일도 있었다. 조선 독립 투쟁을 벌이는 청년들 중에 중국 마적단으로 가버린 사람이 있었다. 그는 독립군 부대로서는 귀하디귀한 말을 타고 가버렸다. 그녀는 마적단 두목 앞으로 편지를 썼다. "나라 잃은 사람으로 의리마저 잃으면 되겠습니까? 젊은 혈기에 말을 끌고 가버린 우리 독립군 대원이 있으니, 마필과 함께 되돌아오게 해주십시오. 일세와 싸워야 할 우리들이, 서로를 상처 내는 것은 어리석은 일이라고 생각합니다. 저는 조선의 여전사女戰士로 명예를 걸고 그곳 지도자에게 글을 써서 보내니 뜻을 따라주기 바랍니다." 이런 서신에 뜻밖에 흔쾌한 전갈이 왔다. "이번 길에는 화순현 쏘구를 습격하러 갑니다. 싸움이 급하여 그냥 나갑니다. 돌아오는 길에 다시 상의를 하는 것이 어떨지요?" 마적단은 평안북도에 있는 한 경찰서를 털었는데 순사들이 겁에 질려 모두 도주해버렸다고 한다. 마적 두목은 조선 독립군과의 '의리'를 생각하여 감옥에 있던 독립군을 석방시켰다. 또 기관총과 탄약을 싣고 돌아와 독립군과 함께 쓰겠다고 제의했다. 그리고 말과 병사는 돌려주었다.

액목현에서 그녀가 한 주된 일은 교육사업이었다. 1921년 액목, 화전, 반석에 20개가 넘는 여성 교육기관을 만들었다. 또 북만주 12곳에 교회를 세우기도 했다.[36] 그녀는 농촌각지를 순회하면서 독립정신의 중요성을 가르쳤고, 이것을 강화하기 위해서는 믿음이 필수적이라고 보았다. 그래서 교육과 포교를 동시에 한 것이다. 교육은 애국심 고취, 독립군 정신교육, 친절 봉사 교육, 문맹 퇴치를 목표로 삼았고, 일반 학문을 비롯해 중국어도 가르쳤다. 일탈하는 독립군 병사들을 계도하고 문제 있는 군인들은 상부에 보고하여 조치하게 하는 일도 했다. 특히 그녀는 여성 또한 독립투쟁 활동을 해야한다고 강조했다. '여의군女義軍'이 제대로 육성되어 직접 전쟁에 참여해야 한다는 소신을 가지고 있었다. 여기에는 서울에서 만났던 손정도 목사의 가르침을 실천하려는 의지도 있었다. 이 무렵 손목사는 상해 임시정부에 가 있었다. 여성단체를 조직하는 데 있어서는, 김동삼, 현익철, 오동진, 여준, 황학수, 이동녕의 후원을 받았다. 그녀는 정의부[37]의 중앙 여성대표로 참석하기

• • •

36 '조선중앙일보' 1933년 8월 28일자 보도.

37 정의부: 독립운동의 구심체였던 대한통의부(大韓統義府)가 와해되어갈 무렵인 1925년 1월, 각 단체의 통합 운동이 일어난다. 그 결과로 길림주민회(吉林住民會)·의성단(義成團)·광정단(匡正團)·노동친목회·자치회·고본계(固本契)·대한독립군단·학우회를 망라하여 정의부를 결성한다. 본부는 길림성 화전현(樺甸縣)에 두었다. 중앙집행위원장 이탁(李沰: 뒤에 변절), 총무위원장 김이대(金履大 뒤에 변절), 군사위원장 지청천(池靑天), 재무위원장 오동진(吳東振), 민사위원장 김호(金虎), 법무위원장 이진산(李震山), 외무감 현익철(玄益哲), 총무감 최명수(崔明洙), 사령장(司令長) 지청천,

도 했다. 또 1921년 그녀가 삼송육도구에서 전투에 참여하고 부상당한 독립군부대 청년들을 간호했다는 기록도 보인다.[38]

이 무렵에 있었던 일들 중에서 만주사회에 깊이 남자현을 각인시킨 일은 그녀의 단지혈서斷指血書 사건이었다. 남만주 일대에서 활약하고 있던 독립군단과 독립단체들은 서로 반목하는 일이 많았다. 그녀는 대한민국 임시정부를 중심으로 항일 독립운동이 통합적으로 펼쳐져야 한다는 의견을 갖고 있었다. 이 먼 데까지 망명을 와서 서로 작은 입장 차이로 우리가 해야 할 큰일을 놓친다면 이 얼마나 어리석은 일인가? 내가 이곳에 온 것은 나라를 되찾기 위한 것이지, 동포끼리 서로 적대시하여 의미 없는 피를 흘리는 분쟁에 참여하기 위한 것이 아니지 않은가? 이즈음 남자현이 손가락을 잘라 혈서를 쓴

참모장 김동삼(金東三), 사령부관 정이형(鄭伊衡) 등이 참여했다. 군사행동을 주목적으로 했지만 관할지구 교포의 경제기관·문화기관도 설립했다. 또 각 부락에 초등학교를 설립하여 초등교육을 의무적으로 실시하였다. 흥경현(興京縣)에 흥화중학(興和中學), 유하현[柳河縣]에 동명중학(東明中學)를 설치하고, 화성의숙(華成義塾: 塾長 崔東旿)을 두어 간부를 양성하였다. 기관지로 잡지《전우》, 신문《대동민보》를 발행하였고, 농민조합과 농업공사(農業公司)를 설립하여 황무지를 매입, 개간해서 독립운동자 가족을 안주시켰으며, 무기를 구입해서 국내 침투를 시도하기도 했다.

38 박영석, 남자현의 민족독립운동,『한국사 연구』2, 숙명여대, 1992년, 227쪽. 독립군 병사들의 동상을 치유한 곳이 바로 이 지역의 마을이라고 한다.

것은 두 차례의 기록으로 남아 있다. 첫 번째는 1920년 8월 29일 국치기념대회 때였다. 그녀는 여시당(준), 이동녕, 황학수, 이탁 등 리더들을 포함해 1,000여 명이 참석한 자리에서 왼쪽 엄지손가락을 베어 그 피로 장문의 혈서를 썼다. 그리고 그 글을 큰소리로 읽으니 청중들이 오열했다고 한다. 독립투쟁의 당위성을 역설하는 내용뿐 아니라, 우리 진영의 분열에 대한 준열한 질타가 그 내용 속에 들어 있을 것이다. 그 다음에 다시 쓴 혈서는, 1922년 3월 환인현에서 독립군들끼리 격하게 충돌하는 일이 발생한 뒤였다. 남자현은 "독립운동계여, 단결하라. 우리는 강토를 빼앗은 일본과 싸우러 왔지 동족과 싸우러온 것이 아니다. 피 한 방울이라도 적을 위해 써야 하거늘, 같은 조선인을 해치는 데 쓴다는 것은 너무도 아까운 일이 아니겠는가?"라고 말하며 집게손가락을 단지한다. 이미 엄지 한 마디를 잘라낸 남자현이 다시 검지를 자르려하자, 사람들은 놀라 말렸지만 그녀는 망설이지 않았다. "내 손가락을 아끼지말고, 우리 동포를 아끼고 이 나라의 내일이나 아끼시오." 만주 조선인들은 그녀의 이 같은 뜻을 기려 '손가락 목비木碑'를 세웠다. 남자현의 이 같은 충정에 한때 독립진영의 단결 운동이 벌어지기도 하였으나, 알력과 반목은 쉽게 줄어들지 않았다. 1923년 상해에서 국내외 독립운동 대표 100여 명이 모여

6개월에 걸쳐 국민대표회를 열어 통합독립운동을 논의하였으나, 이 회의 이후에 다시 창조파, 개조파, 고수파 등 내부혁신 정도에 대한 이견 때문에 다시 분열하였다. 하지만 남자현의 단지斷指는, 그녀를 만주사회의 통합에 앞장서는 상징적 인물로 부각시켰다. '독립계의 대모大母', 혹은 '세 손가락三指 여장군'의 별명이 붙은 것은 그 무렵이었다.

이 시절 그녀의 활약에 대해서는 해방 이후 잡지《부흥》에서도 소개하고 있다. "조선 민족의 결점은 당파와 분쟁이라. 이로써 나라가 망하였거늘 조국 광복을 운동하는 그네들이 또 외지에 가서도 당파싸움을 계속하고 있었다. 서북파니 기호파니 안파니 이파니 하여 1922년 3월부터 8월까지 남만 화인현 등지에는 동족 간에 피 흘리는 전쟁이 벌어지고 있었다. 이 때문에 상해 임시정부에서 김이대 씨가 특파되어 화해공작에 애썼으나 성과를 보지 못하였다. 선생(남자현)은 이 일을 크게 근심하여 산중에 들어가서 한 주일 동안 금식기도를 하고 손가락을 베어 그 피로 글을 써서 책임관계자들을 소집하였다. 그 성의와 순국정신에 감격한 소위 독립운동 간부들은 누구나 그 뜨거운 눈물과 죽음을 각오하는 피의 설유에 각각 잘못을 회개하고 완전한 쌍방 간의 화합이 성립되었다. 이로 말미암아 환인. 관전 등지의 주민들은 그 은공을 감사하여 곳곳마다 나무로 비를 세워 그 공덕을 표창하고 만주 각층 사회에서는 누구나 선생을 존경하게 되었다."[39]

액목현에 살던 시절, 그곳에 주둔하고 있던 독립군부대의 중대장 이창을李昌乙을 양자로 정하고 그를 결혼시켜 손자와 손녀 한 명씩을 두었다는 기록도 있다. 이때 전혈소라는 사람이 일본 경찰에 그녀를 밀고하여 체포되는 일이 있었다. 그녀는 여순에서 사형구형을 받았고 이후 무기징역 판결을 받았다고 하나, 이와 관련한 자세한 내용은 알기 어렵다. 이 기록이 어느 정도까지가 사실인지, 만약 감옥에 갇혔다면 언제 출소했는지 궁금증을 불러일으키지만 아쉽게도 기록들은 단편적인 내용으로 끊겨 있다. 이 즈음, 남자현이 손정도 목사의 집에 유숙했다는 내용이 있다. 손목사는 1920년 이후 길림성을 중심으로 농민합작사를 설립했으며 길림 한인교회를 세웠다. 그는 액목현에 삼천일경日耕[40] 되는 농토를 구입하고 동포를 정착시켜 농사를 짓게 했다. 교회에는 부설학교도 세워 교육에 힘썼다. 손목사의 집은 길림성 시외의 신개문 바깥에 있었다고 한다. 손목사와 남자현 사이에 만주 생활 동안 지속적

...

39 잡지 《부흥》 1948년 12월호, '독립운동사상의 홍일점, 여걸 남자현' 중에서.
40 근대 이전 시기의 토지 면적 단위로 '날갈이'라고도 한다. 소 한 마리가 하루 동안 경작할 수 있는 정도의 땅을 가리킨다.

인 교류가 있었다는 것을 짐작할 수 있다. 그리고 이 집에서
남자현은 양녀를 만났다고 한다. 딸의 이름은 이장청李長靑인
데, 천마산 중대장을 맡고 있었다. 남자현은 독립군 부대의 간
부남녀 두 사람을 양자와 양녀로 두고 있었던 셈이 된다. 딸로
기록되어 있는 이장청이, 이창을과 결혼한 부인으로 그녀의
양며느리일 가능성도 있다. 그녀에게는 이미 아들 김성삼 부
부가 있었는데도[1923년 액목현 교화(1935년엔 신참)에 아들 부
부를 살게 하였다] 군인들을 기꺼이 양아들딸로 삼은 것은 낯
선 땅에서 부모도 없이 외로워하는 이들을 혈육처럼 보듬어주
기 위해서였을 것이다.

만주로 온 지 7년, 1926년 53세의 남자현은 교육자, 종교인
에서 독립투쟁 쪽에 더욱 깊이 발을 담근다. 독립운동을 뒤에
서 보조하는 역할에서 나아가 투쟁의 주역으로 활약하는 삶을
선택한 것이다. 독립군을 치료하는 자모慈母의 역할이나, 쪼
개져 싸우는 독립진영들의 결속을 다지는 '내부화합 메이커'
로서의 역할을 넘어서서 직접 일제와 싸우는 투쟁가로 바뀌어
갔다. 이 시기의 남자현을 주목할 필요가 있다. 경북 영양군의
유학자 집안 며느리는 이제 당당히 남성들과 함께 스스로의
신념을 실천하는 투쟁요원이 되었다. 촌부 시절 그녀에게 선
망의 대상이던 이상룡과 김동삼, 그리고 남편의 동지이던 채

찬은 이제 그녀의 동지로 바뀌었다. 함께 활동하는 수많은 지식인 및 투쟁가 남성들은 그녀의 능력과 용기를 기꺼이 인정했으며, 남자 대원들보다 뛰어난 판단력과 대담한 실천력을 높이 샀다. 8년의 만주생활은 그녀를 강인한 지사志士로 만들었다. 남편의 원통한 죽음에 복수하고, 아버지의 못다 한 투쟁의 한을 갚겠다는 개인사個人史의 좁은 시야에서 벗어나, 시대적 소명감을 깨닫고 보다 큰 가치를 향한 투지를 키워낸 것이다. 그녀는 이 무렵 만주의 학교에서 가르치던 애국가를 혼자서 자주 부르곤 했다.

화려강산 동반도는 우리 본국이로세
성품 좋은 단군자손은 우리 국민이다
무궁화 삼천리 화려강산 우리나라 우리들이 다시 건설하세

애족의 의기 열성은 백두산 같아
위국爲國의 일편단심은 동해같이 깊다
무궁화 삼천리 화려강산 우리나라 우리들이 다시 건설하세

동복同腹자녀 사랑하듯이 나라 사랑하세
사농공상 너나 구별 말고 직분을 다하세

무궁화 삼천리 화려강산 우리나라 우리들이 다시 건설하세

우리나라 우리 민족을 하늘이 가호하여
만민동락 영원히 자유 독립하세
무궁화 삼천리 화려강산 우리나라 우리들이 다시 건설하세[41]

이 노래를 부르노라면, 그녀의 가슴에 피가 끓었다. '무궁
화 삼천리 화려강산' 그 열 글자에 그녀의 삶의 모든 명분이
꽃피어 있었다. 노래를 부르다 눈을 감으면, 뜨락에 심은 무궁
화 앞에서 소녀 남자현에게 '나라'를 이야기해주던 아버지 남
정한이 떠올랐다. "무궁화 꽃이 피는 한 이 민족은 결코 시들
지 않을 것이다. 우리는 수만 년의 역사를 지니고 있는 나라이
며 동양의 으뜸가는 문화예의지국이니라." 남자현의 무장투
쟁을 들여다보면 목숨을 아끼는 기색이 없다. 여성으로서 나
약해보이지 않아야 한다는 강박도 물론 없지야 않았겠지만,
나라와 희망을 함께 잃은 그때부터 이미 죽은 자나 다름없다
는 투철한 사생관死生觀이, 근현대사에서 가장 담대한 한국여

•••
41   안동 출신의 독립지사 김응섭이 발족시킨 한족노동당이 펴낸 국어교과
     서에 실린 애국가('한족노동당의 조직과 활동' 김용달,『한국독립운동사연구』 17집,
     독립기념관, 2001년).

인을 탄생시키지 않았을까.

1926년[42] 4월 남자현은 길림에서 박청산, 이청수, 김문거와 함께 일본총독 사이토 마코토齋藤實를 암살할 계획을 세운다. 사이토는 1919년 3·1운동 이후 조선총독에 취임하여 식민지 통치방법을 '무단정치'에서 '문화정치'로 전환한 사람이다. 그러나 실제로는 헌병을 경찰이라는 이름으로 바꾸었을 뿐 병력을 증가하였으며, 많은 지식인을 변절하게 하였고, 위장된 자치론으로 독립운동 방향에 혼선을 빚도록 했다. 사이토는 부임하면서 이런 지시를 내렸다고 한다. "먼저 조선 사람들로 하여금 자신의 역사와 전통을 알지 못하게 만들어라. 민족혼과 민족문화를 잃게 하고, 조선인의 조상의 무위, 무능, 악행을 들춰내어 가르침으로써 조선 청소년들이 부조父祖를 멸시하도록 만들어라. 그러면 조선 청소년들이 자국의 인물과 사적에 대하여 부정적인 생각을 갖게 되고 실망과 허무감에 빠지게 된다. 그때에 일본 사적, 일본 인물, 일본 문화를 교육하면 동화의 효과가 클 것이다. 이것이 조선인을 반半 일본인으로 만드는 요결이다."

사이토 총독은 부임 때부터 암살 시도에 시달렸다. 강우규

. . .

42 이 연도는 기록에 따라 제각각이다. 1925년, 1927년으로 된 곳도 있다.

는 8월 블라디보스토크에서 서울로 잠입, 남대문역에서 대기하고 있다가 사이토 총독 부부가 마차에 오르려는 순간 폭탄을 던졌다. 그러나 총독은 의복이 조금 탔을 뿐이었고, 동행한 경무총감 미즈노 렌타로水野鍊太郎, 미국 뉴욕 시장의 딸인 해리슨 부인 등 약 30명이 부상하였고, 일본인 기자 2명이 즉사하였다. 재거사를 위해 도피한 강우규는 9월 17일 순사 김태석金泰錫에게 체포되어, 1920년 4월 25일 사형이 언도된다. 그는 "내 평생 나라를 위해 한 일이 없음이 부끄럽다. 자나 깨나 잊을 수 없는 것은 우리 청년들의 교육이다. 내가 죽어 청년들의 가슴에 조그만 충격이나마 줄 수 있다면 그것이 내가 소원하는 일이다."라는 유언을 남겼다. 1920년 11월 29일 서대문 형무소에서 사형이 집행될 때 일제 검사가 "감상이 어떠냐?"고 묻자 "斷頭臺上 猶在春風 有身無國 豈無感想 단두대위에 오히려 봄바람이 감도는구나, 몸은 있어도 나라가 없으니 어찌 감상이 없으리오?" 라고 대답했다.

남자현은 만주를 떠나면서 김성삼을 불러 이렇게 말했다. "아들아. 오늘 나는 다시 조선에 들어가는데 죽으러 가는 것이나 마찬가지다. 나라가 없으면 살아도 죽은 것이나 진배없으니 나의 죽음을 슬퍼할 필요는 전혀 없다. 이 나라의 혼을 말살하는 사이토의 목숨을 끊어 조선을 부흥시키는 것은 내가

할 수 있는 가장 귀한 일이요 시대가 원하는 책무이다. 나는 이미 많이 살았으니 죽는 것이 원통할 리도 없다. 다만, 죽음이 헛되지 않도록, 반드시 이 일을 해내야 하리라. 너는 이 어미가 하는 일을 자랑스럽게 여기거라. 나는 너의 어머니이기도 하지만 조선의 딸이기도 하다. 내가 죽더라도 너는 고아 된 스스로를 자랑스럽게 여기며 당당하게 살아가거라."

남자현은 4월 중순 동지인 김문거에게서 권총을 비롯한 무기를 전달받고, 박청산, 이청수와 함께 서울로 잠입한다. 그녀는 동지들과 헤어져 혜화동 28번지 고모高某씨 집에 머물면서 교회일을 보며 기회를 노렸다. 박청산이 찾아와 순종이 머물고 있는 창덕궁으로 사이토 총독이 자주 드나드니 때를 잡아 저격을 감행하면 좋겠다고 말했다. 당시 사람들은 순종을 가리켜 '창덕궁 폐하'라고 부르기도 했다. 그해 봄날엔 비가 잦았다. 남자현이 거사 시기를 엿보고 있던 바로 그 무렵 순종이 승하하는 일이 일어났다. 1926년 4월 26일이었다. 창덕궁에 빈소가 마련되었고 호곡을 하는 사람들이 모여들기 시작했다. 그녀는 기회가 찾아왔다고 생각했다. 사람들이 북적이는 틈을 타면 활동하기가 수월할 것이다. 게다가 사이토 총독도 조문을 하러 올 게 아닌가. 그녀를 위해 모든 일들이 움직이는 것 같았다. 남자현은 조선총독부의 고관들이 드나든다는 창덕궁의 서남문인 금호문金虎門을 노렸다. 그녀는 현장을 답사하고 그곳으로 사이토가 언제쯤 올 것인지를 계산하고 있었다. 4월 27일 금호문 부근에서 수염이 텁수룩한 남자 하나를 보았다. 남루한 행색의 그는 남자현을 자꾸 힐끔거리며 쳐다보았다. 그녀는 긴장했다. 일본 형사가 아닐까. 그녀를 바라보는 눈빛이 매서웠다. 일제가 이미 일을 눈치채고 먼저 경계에 돌입한 것이 아닐까. 그녀는 돌아와 두 동지에게 상황을 보고했다. 그런데 그때 호각소리가 들리며 구둣발 소리가 요란하게 들렸다. 경찰들이 혜화동 일대에 쫙 깔렸다. 집집마다 대문이 열리고 집안을 수색하는 소리가 들려왔다. 세 사람은 급히 뒤로 난 샛문으로 빠져나가 인근 교회 건물로 숨어들었다. 어찌된 일일까. 당시로선 상황을 짐작하기 어려웠다. 혜화동 곳곳에서 경계가 삼엄하여 움직이기도 어려운 상황이었다. 교회의 다락으로 고씨가 찾아와 상황을 설명해주었다.

그날 남자현 팀 외에도 사이토 총독을 암살하려던 시도가 있었다는 것이다. 그는 훈련된 독립투사가 아니었다. 서울 출신으로 떠돌이 생활을 하며 자라나 일본인이 경영하는 농기구 가게에서 일을 했던 송학선(宋學善, 1897~1927년)이란 청년이었다. 스물아홉 살이었던 그는 병이 나 일을 그만 두고 쉬고 있던 상태였다. "아, 금호문에서 만났던 그 사람!" 남자현은 놀라

움에 자신도 모르게 소리를 냈다. 송학선은 조선총독부의 고관들이 금호문으로 드나드는 것을 보고 사이토 총독을 처단하기로 마음먹었다. 그는 26일, 27일 양일간 이곳에서 칼을 품고 사이토를 기다렸다. 사흘째인 4월 28일 창덕궁에서 조문을 하고 나오는 일본인 세 명이 탄 무개차가 있었다. 그는 이 차에 탄 사람이 사이토라고 생각하고 습격을 감행했다. 그는 순식간에 주위에 타고 있던 세 사람을 죽였는데, 그들은 경성부회 평의원 다카야마, 사토, 이케다였다. 그리고 송학선은 사이토라고 생각한 고관을 향해 달려들어 가슴을 찔러 중상을 입혔다. 하지만 그가 잘못 알았던 것이다. 거사를 끝낸 뒤 달아나다가 추격하던 조선인 순사 오환필을 찔렀다. 그리고 다시 도주했는데 휘문고등보통학교 인근에서 일본 경찰과 격투를 벌이다 붙잡혔다.[43]

이 사건으로 서울이 발칵 뒤집힌 것이다. 총독 경호가 더욱 강화되고, 거동 수상자를 색출하는 작업이 대대적으로 펼쳐졌다. 남자현이 기거하던 집과 그녀가 활동하던 교회에도 낌새를 맡은 경찰이 들이닥쳐, 그녀는 긴급 피신을 했다. 무기

• • •

43 송학선은 이후 사형 선고를 받고 1927년 서대문형무소에서 처형되었다. 사건 당시 미혼으로 자손은 없었다. 1962년 건국훈장 독립장이 추서되었다.

들은 일단 깊이 파묻어둘 수밖에 없었다. 동지 박청산은 경찰에게 미행을 당했다. 간신히 따돌리고 도주했으나 이미 신상착의가 공개된 듯 어디로 가나 추적하는 그림자가 느껴졌다. 그런 분위기 속에서 더 이상 거사 실행은 불가능하다고 생각한 세 사람은, 만주에서 집결하기로 하고 뿔뿔이 흩어져 서울을 떴다. 뿌리는 봄비 속에서 남자현은 자신도 모르게 줄줄 흐르는 눈물을 수습하기 어려웠다. 살아 돌아가는 일이 문득 부끄럽게 느껴졌다.

남자현의 무용담 중에서 자주 거론되는 것 중의 하나는 홍순사 에피소드이다. 이 이야기는 잡지 《부흥》[44]에 나온다.

"왜적들은 선생을 붙잡으려고 대활동을 개시하였는데 선생이 호탄현 지방을 지나다가 홍순사라는 자에게 걸렸다. 선생은 그를 향하여 책망 절반 설유說諭 절반으로 '내가 여자의 몸으로 이같이 수천 리 타국에 와서 애씀은 그대와 나의 조국을 위함이거늘 그대는 조상의 피를 받고 조국의

• • •

44 잡지 《부흥》, 1948년 12월호, '독립운동사상의 홍일점, 여걸 남자현' 중에서.

강토에서 자라나서 어찌 이 같은 반역의 죄를 행하느냐?'
홍순사는 그 심장과 골수를 찌르는 선생의 일언일구에 감
동되어 그 잘못을 사과하고 도리어 갈 길을 인도하여 여
비까지 70원을 내어 드리니 이로써 선생의 강한 의지와
크나큰 인격의 감화력이 어떠함을 가히 짐작 할 수 있는
것이다."

　　남자현은 정의부 중앙대표로 참석한 뒤에 독립군 통합 문
제를 논의하기 위해 왕청현에 있던 이청천 장군을 만나고 돌
아오는 길에 유가현 후난청 시가지의 샛길에서 경찰관 홍부
장을 만난 기록이 있다. 이 사람이 《부흥》에서 소개한 홍순사
일 가능성이 높다. 홍부장은 자신의 집 골방에 남자현을 가두
고 매우 조심스럽게 심문을 했다고 한다. 그녀가 이미 만주 일
대에서 상당한 명망을 얻고 있었는데다가 그녀의 인격적 행동
에 대한 소문을 들어왔기에, 속으로 은근히 외경畏敬을 지니고
있었던 듯하다. 그때 남자현은 홍에게 위에서 소개한 '심장과
골수를 찌르는' 설득을 한다. 홍이 그녀를 심문하는 것이 아니
라, 그녀가 홍을 심문하는 것 같은 분위기가 되었다. 남자현
의 말을 듣고 있던 홍부장은 가만히 서류철 하나를 내민다. 거
기엔 유가현 경찰서에서 발부한 체포영장이 들어 있었다. 남

자현은 "나 하나를 잡아넣는다고 이 민족이 사라질 것 같은가. 나는 기꺼이 잡혀갈 수 있지만 자네 마음속으로 내보인 내 정신은 결코 굴복시킬 수 없을 것이다. 나를 체포하는 것은 조선인인 자네 스스로를 체포하는 것과 다름이 없다."고 말했다. 이런 팽팽한 분위기 속에서 꼬박 밤을 샌 뒤 새벽이 밝아왔다. 홍부장은 그녀에게 아침식사를 대접하고 식모 아이를 불러 "이분은 나의 진적 어른이시다. 길을 잘 안내해드리려무나." 라고 말하고 남자현을 위하여 여비 70원을 준다. 일본 경찰에서 일하고 있던 조선인 간부를 설복시켜 '체포'의 곤경에서 당당히 풀려나는 이 모습은 그녀에게서 풍기는 강한 카리스마를 짐작하게 한다.

남자현은 독립운동 진영의 조직 화합을 위해 백방으로 뛰어다녔다. 그런 가운데 여성으로서 독립군 자금 모집책의 역할을 수행하기도 했다. 그녀는 채찬蔡燦과 함께 활동한 흔적이 보인다. 채찬은 오래전에 돌아간 남편 김영주와 동문수학한 친구이며 의병활동의 동지였다. 두 사람은 군자금 모집을 위해 국경을 넘어 조선에 잠입하기도 했다. 당시 이들이 조선의 어디에서 활동했는지는 알기 어렵다. 다만 상당한 금액의 독립군 지원금을 받아내 만주로 귀환했던 것으로 알려져 있다.

만주에서 남자현의 존재감이 뚜렷해진 것은 1927년 2월

말의 길림吉林사건 때부터라고 할 수 있다. 길림사건은 도산 안창호(1878~1938)를 비롯한 독립운동 핵심 지도자 47명이 무더기로 중국 관헌에 검거된 사건을 말한다. 일본 경찰은 이들을 중국으로부터 넘겨받기 위해 총력전을 펴는 상황이었고, 그렇게 될 경우 조선의 독립운동 진영은 한꺼번에 괴멸될 수 있는 위기국면이었다.

당시 민족유일당唯一黨 운동[45]이 불붙고 있었다. 유일당운

• • •

45 민족유일당 운동: 1920년대 후반 만주에 산재하고 있던 독립운동단체들은 효율적인 항일독립운동의 수행을 위하여 통합의 필요성을 느꼈다. 1922년 8월 환인현(桓仁縣)에서 군정서(軍政署) 등 7개 단체들이 대한통의부(大韓統義府)로 결집되어 부분적인 통합이 이루어졌으나 대한통의부는 주도세력 간에 분열이 생겨 일부세력들이 1923년 분리되어 나가 각각 의군부(義軍府)와 참의부(參議府)를 조직하였다. 1925년 대한통의부·대한독립단 등이 중심이 되어 정의부(正義府)를 발족했고, 대한독립군단(大韓獨立軍團)·북로군정서(北路軍政署)를 통합해 신민부(新民府)를 만든다. 이로써 참의부·정의부·신민부라는 3부가 성립되었고, 이들 단체들은 만주의 교포사회를 3분하여 통치한 사실상의 정부였다. 이후 한걸음 더 나아가 3부를 포함, 좌우익의 민족독립운동을 합작하여 단일전선을 형성하려는 움직임이 일어났는데, 그것이 곧 민족유일당운동이다. 이 운동이 최초로 나타난 곳은 중국 북경(北京)이었다. 1926년 10월 한국독립유일당 북경촉성회가 창립되었고, 같은 달 대독립당조직북경촉성회(大獨立黨組織北京促成會)라고 개칭하였다. 이 같은 움직임은 국내로도 파급되었고, 1927년 2월 신간회(新幹會)의 창립으로 그 결실을 보았다. 한편 중국지역에서의 민족유일당운동은 계속 이어졌고, 그것은 같은 해 4월 상해(上海) 촉성회, 5월 광동(廣東) 촉성회, 9월 남경 촉성회의 창립으로 나타났다. 이와 같은 움직임은 만주에 있는 독립운동단체에서도 나타났다. 먼저 정의부는 재만(在滿) 독립운동의 주도권을 장악할 목적으로, 1927년 4월 길

동은 민족문제 해결을 위해 이념 차이를 극복하려 했던 일종
의 좌우합작 운동이었다. 그 선두에 안창호가 있었다. 그는
1926년 10월 북경에서 좌파와 연합하여 대독립당조직북경촉
성회를 결성함으로써 유일당운동에 불을 지폈다. 1927년 2월

림성(吉林省) 신안둔(新安屯)에서 제1회 대표자회의를 열었다. 이 회의에
는 정의부, 정의부 군대측(軍隊側), 남만주청년총동맹, 한족노동당(韓族勞
動黨) 대표단 및 안창호(安昌浩)·이일세(李一世) 등 52명이 참석하였다. 그
러나 이 회의가 각 단체 대표회의가 아니므로 성립될 수 없다는 주장이
제기되어, 회의는 해산되고 말았다. 일부 참석자들은 다시 모임을 갖고
유일당 조직 준비기구로서 시사연구회(時事硏究會)를 조직하기로 뜻을 모
은다. 1928년 5월 전민족 유일당회의가 좌우파 18개 단체 대표가 모인
가운데 길림성에서 개최되었다. 회의는 유일당의 조직방법문제를 둘러
싸고 단체본위 또는 단체중심조직론을 주장하는 협의회측과 개인본위론
을 주장하는 촉성회 측으로 나누어져 서로 격론이 벌어졌다. 협의회측의
중심단체인 정의부는 1928년 7월 참의부와 신민부에 통합을 논의하기
위한 삼부통일회의의 개최를 제의하면서 유일당건설운동을 새롭게 추진
하였다. 회의는 같은 해 9월 정의부대표 김동삼(金東三) 등 5명, 신민부대
표 김좌진(金佐鎭) 등 7명, 참의부대표 심용준(沈龍俊) 등 3명이 참석한 가
운데 지린성 신안둔에서 열렸다. 그러나 회의에서 상호간 통합방법에 있
어 정의부가 단체중심조직론을 제시한 반면, 신민부와 참의부는 3부를
완전해체하고 새로이 유일당을 조직하자는 입장을 보여 현격한 입장 차
이를 드러냈다. 1928년 12월 촉성회 측은 신민부의 군정파와 정의부의
일부를 중심으로 민족유일당 재만책진회(在滿策進會), 일명 혁신의회를
구성하였다. 협의회의 중심세력인 정의부는 1929년 4월 참의부의 일부
세력과 신민부의 민정파와 합쳐 국민부를 조직하고, 정의부·참의부·신
민부를 해체하였다. 결국 1920년대 후반기의 민족유일당운동은 독립운
동단체의 재만책진회와 국민부 등 두 단체로의 통합까지는 이루었으나,
이들 두 단체를 하나로 통합시키지는 못하였다.

15일 국내에서 신간회가 결성되는 것도 그 흐름 속에 있다. 안창호는 만주에서도 이 같은 분위기를 이끌어내기 위해 길림을 방문한다. 그곳에서는 만주 독립운동 지도자들이 무장단체 통합과 대독립당 건설 계획을 논의하고 있었다. 안창호는 길림성 조양문朝陽門 밖에 있는 대동공창大東工廠에서 열린 의열단 나석주羅錫疇의 추도식에서 500여 명의 동포가 모인 가운데 민족운동의 장래에 대한 강연을 하였다. 나석주는 그 전해인 1926년 12월 28일에 동양척식회사 식산은행에 폭탄을 던지고 자결한 의열단원이다. 이날 안창호는 만주의 리더들을 만나 시국을 토론했다. 그런데 이 모임에 대한 정보를 파악한 일제 경찰이 중국 길림성 군당국에다 이 모임을 공산주의 집회라고 거짓으로 밀고하는 일이 일어난다. 일본 조선총독부 경무국은 구니모토國友를 파견해 중국 헌병사령관 양우정楊宇庭에게 조선공산당원 수백 명이 집회를 열고 있다고 말하고 체포를 의뢰했다. 양우정은 병력을 동원해 현장을 급습, 주요 인사들을 체포했고 이들 중 47명을 길림독군서吉林督軍署에 구속했다. 여기에는 안창호를 비롯해 김동삼, 오동진, 고할신, 이철, 김이대 등이 포함되어 있었다. 남자현과 양녀인 이장청도 그 자리에 있었으나 여성이라는 점 때문인지 구속에서 제외됐다. 구니모토는 수감된 조선인들을 일본 경찰에 인계해

줄 것을 요구했다. 중국이 이들을 넘길 경우, 독립운동은 치명타를 입을 수밖에 없었다. 특히 도산 안창호가 일본에 넘어가는 일은 최악의 상황이었다. 대한민국 임시정부도 발 벗고 나서 구명운동을 펼쳤다. 이 무렵 집회 현장에 있었지만 체포되지 않았던 남자현이 자청해서 안창호의 옥바라지를 하기 시작했다. 안창호는 그녀에게 밀명을 내린다. "정미소를 하는 이기필 신생을 찾아가시오. 그 정미소를 연락처로 정하고 현 사태를 상해 임시정부에 연락하도록 하시오." 남자현은 이기필을 찾아 협의한 끝에 길림사건비상대책반을 구성하고 여론을 형성하는 일을 시작한다. 그리고 임정과 연락을 취해 중국 당국과 교섭을 시도하도록 한다. 이 같은 활동에 힘입어 이 사건이 중국의 신문에 보도된다. 이후 중국 사회의 정치인과 사회단체 인사들, 그리고 학생들이 "외국의 독립운동자들을 감금하고, 또 그들을 일제에 넘기는 것은 국가적 품위를 떨어뜨리는 행위"라고 공격하고 나선다. 여론이 악화되자 당시 대원수大元帥 장작림張作霖이 이들을 모두 석방한다. 실로 조마조마했던 사건이었다. 길림사건이 해결되자 만주교민들은 그녀를 '안창호를 구한 숨은 공로자'로 꼽았다.

만보산 사건萬寶山事件은 그야말로 아전인수我田引水, 내 논에 물대기의 비극이었다. 1931년 7월 2일 만주 길림성 장춘현 삼성보三姓堡 만보산 지역에서 조선인들과 중국인들이 수로水路 문제로 충돌을 빚었고 유혈사태로 이어졌다. 일본은 중국인 정영덕鄭永德, 하오융더을 간판으로 삼아 창춘에 장롱도전공사長農稻田公司를 설립한다. 정영덕은 만보산 지방의 미개간지 200ha를 지주들에게서 10년간 빌린 뒤 이 땅을 조선인 농민 8명에게 10년간 다시 빌려주는 방식으로 돈벌이를 한다. 조선인 농민 이승훈은 이 땅을 빌린 뒤 조선인 180명을 이곳에 이주시킨다. 이들은 이곳에 이통강伊通河과 연결된 2천리에 걸친 관개수로 공사를 한다. 물길을 뚫느라 둑을 쌓다보니 인근 농지에 피해가 생겨났다. 토착 중국농민들은 현縣당국에 진정서를 올려 공사를 중단시켰다. 정영덕과 이승훈이 맺은 계약서에는 현縣의 승인을 받지 않으면 무효라는 규정이 있었으므로 사실상 더 이상 수로 개척이 불가능한 상황이었다. 그런데 일본 경찰 60명이 중국농민의 반대시위를 무력 진압했고 수로는 결국 준공됐다. 중국인 400명이 이에 항의하여 수로 2리를 묻어버리는 사건이 일어났고 현장에 있던 조선족 농민, 일본 영사관과 경찰, 중국인 지주, 조선족 주민 사이에 충돌이 있었다. 일본 경찰은 총을 쏘았으나 인명 피해는 없었다. 사건은 간단해 보였다. 일본이 만주를 삼키기 위해, 조선인 농민과 중국인 농업기업을 이용해 수로를 개척하는 과정에서 일어난 일이었다.

그러나 일본은 허위 과장 보도로 조선의 민족 감정을 부추기기 시작한다. 일본 영사와 경찰은 이 충돌에서 조선인들이 상당수 죽음을 당했다는 거짓 내용을 조선 내부의 신문들에게 뿌린다. 신문들은 이들의 말에 춤추면서 '중국농민이 조선 농민을 죽였다'는 선정적인 내용을 보도하기 시작했다. 이후 인천, 경성을 비롯한 조선 각 도시에서 대대적인 중국인 배척 운동이 일어난다. 평양, 부산, 천안에서는 대낮에 중국인 상점과 가옥을 파괴하고 중국인을 구타·학살하는 등 폭력사태가 빚어졌다. 일제는 불량배를 매수하여 폭력행위를 조장하기도 했다. 이후 동아일보가 '오보'임을 알리고 진정을 호소하는 보도를 하면서 가라앉기 시작했다.

총독부와 일본 경찰은 이 사태를 방관했다. 폭동이 가라앉은 뒤 총독부 당국은 광범위한 검거작업을 시작하였다. 이러한 움직임이 이해 9월 만주 사변으로 이어지게 된다. 남자현은 만보산 사건을 현장에서 목격했으며 그 상황을 파악하고 있었던 것으로 보인다. 조선인이 만주에 전파한 논농사에 대해 상당한 관심을 지니고 있었고 또 실제 경작을 주도했던 그녀인지라, 수로개척사업과 어떤 연관을 지니고 있었을 수도 있다. 그녀는 만주 곳곳을 돌아다니며 민족 갈등을 빚고 있는 조선인과 중국인 양쪽에게 '만보산의 진실'을 알리고 이것이 일제의 흉계에서 비롯된 것임을 설명했다. 조선 내부에서는 중국인에 대한 적대감으로 들끓고 있을 때, 만주에서 오히려 양쪽의 불화가 크지 않았던 것은 남자현의 열정적인 노력이 있었기 때문이었다.

만주사변 이후 일제의 독립군 색출 작업이 강화되면서, 김동삼이 하얼빈 주재 일본 총영사관 경찰에 체포되는 사건이 일어난다. 하얼빈에 있는 정인호鄭寅浩의 집에 투숙하다가 동지 이원일李源一과 함께 일제의 수색에 걸려든 것이다. 김동삼은 남자현의 고향 동지이자 만주의 최고 지도자였다. 그녀는 급히 하얼빈으로 달려가 자신을 김동삼의 친척이라고 말하고 그와 면회를 한다. 그녀는 김동삼의 지시를 받으며 긴급 연락책으로 활약했다. 남자현은 그가 신의주로 이송된다는 정보를 접수하고, 직접 구출작전을 펴기로 마음먹었다. 그녀가 무기를 준비해 열차로 달려갔을 때, 김동삼을 볼 수 없었다. 일제가 이동 날짜를 갑자기 변경했기 때문이었다. 허탈감과 함께 그녀는 발길을 돌릴 수밖에 없었다.[46] 만주에서 김동삼이 사라진 것은 남자현에게는 정신적 지주가 무너지는 충격이었을 것이다. 김동삼은 신의주를 거쳐 서울로 이감된 뒤, 10년형을 받고 옥고를 치르다가 1937년 3월 3일 순국한다. "나라 없는 몸, 무덤은 있어 무엇하느냐. 내 죽거든 시신을 불살라 강물에 띄워라. 혼이라도 바다를 떠돌면서 왜적이 망하고 조국이 광복되는 날을 지켜보리라."는 옥중 유언에 따라 유골은 한강에 표장漂葬된다.

• • •
46 박영랑 외, '남자현여사 약전' 〈독립혈사〉, 대한문화정보사, 1956년.

구한말의 여자가 다 이리 잠들었을진대

동포여, 무엇이 그리 바쁘뇨

황망한 발길을 잠시 멈추시고

만주벌에 떠도는 남자현의 혼백 앞에

자유세상 밝히는 분향을 올리시라

그때 그대는 보게 되리라

'대한여자독립원'이라 쓴

아낙의 혈서와 무명지를 보게 되리라

경북 안동 출신 남자현.

열아홉에 유생 김영주와 결혼하여

밥 짓고 빨래하고 유복자나 키우다가

딱 깨친 바 있어

안동땅에 자자한

효부 열녀 쇠사슬에 찬물을 끼얹고

여필종부 오랏줄을 싹둑 끊으니

서로군정 독립단 일원이 되니라

북만주벌 열두 곳에 해방의 터를 닦아

여성 개화 신천지 씨앗을 뿌리며

국경선 안과 밖을 십여 성상 누비다가

난공불락, 왜세의 도마 위에

섬섬옥수 열 손가락 얹어놓고 하는 말

천지신명 듣거든 사람세상 발원이요

탄압의 말뚝에 국적 따로 있으리까

조선여자 무명지 단칼에 내리치니

피로 받아 쓴 대한여자독립원

아직도 떠도는 아낙의 무명지

_남자현의 무명지 - 고정희[47]

고정희의 이 시는, 단지斷指 사건을 생생하게 표현하고 있다. 일제의 도마 위에 섬섬옥수 열 손가락을 얹어두고, 남자현이 나라 잃은 부조리를 또박또박 따진 뒤 무명지를 단칼에 내려치는 장면을 그려내고 있다. 섬뜩할 만큼 비장한 장면이다. 1932년 9월, 남자현 나이 60세 때의 일이다.

1932년 3월 1일 일제는 만주국을 세운다. 만주사변[48]에대한 국제적 비난 여론이 커지자 국제연맹은 현장조사단을 파견

<hr />

47 '지리산의 봄', 고정희, 문학과지성사, 1987. 이 시에서는 남자현을 안동 출신이라고 하고 있으나, 시인이 남편 김영주나 부친 남정한의 고향 혹은 거주지와 혼동한 것으로 보인다. 남자현은 영양 출신이다.

48 만주 사변(滿洲事變)은 일제가 1931년 9월 18일 유조호(柳條湖) 사건(만철 폭파 사건)을 조작해 이를 빌미 삼아 일본 관동군이 만주를 침략한 전쟁이다. 일제가 이 전쟁을 벌인 까닭은 만주를 중국 침략의 병참 기지로 만들어 대륙을 식민지화하기 위해서였다. 당시 만주 철도는 대공황으로 영업이 부진했는데 거기에다 중국 국민당 정부가 만주철도 포위선 건설계획을 세워 일본의 이권을 위협한다. 또 소련이 1차 5개년계획을 세워 만주 투자를 넘보고 있는 상황이었다. 일본은 이참에 만주를 침략하기로 방침을 정하고 치밀하게 계획을 세운다. 침략 구실을 만들기 위해 1931년 9월 18일 밤 10시 30분경 유조호에서 만철 선로를 스스로 폭파하고 이를 중국의 장쉐량 군대의 소행으로 몰아 군사행동을 시작한다. 관동군은 대공황으로 구미열강들의 간섭이 어려워진 틈을 노렸다. 침략작전을 시작한 지 5일 만에 랴오둥, 지린성의 대부분 지역을 장악하고, 이 지역 군벌들을 압박해 두 성을 중국에서 독립시켰다. 9월 21일 전쟁은 남쪽 만주지방으로 확대되었다. 1931년 소련·만주 간 경계를 이루는 동북3성 전역을 장악하고 1932년 1월 장쉐량의 거점인 진저우를 점령하였으며 2월에는 하얼빈을 점령하여 만주 북쪽 주요 도시를 거의 점령하였다.

하기로 한다. 일제는 만주국 수립이 강제 침탈에 의한것이 아니라 중국 내부에서 스스로 요청해서 이뤄진 일이라는 점을 국제사회에 강조하고 있었다. 국제단체의 눈을 속이기 위해, 일본에 대한 내부의 환영분위기를 연출했고, 중국인들의 언론을 봉쇄하고 투쟁적인 행동을 은밀하게 탄압했다. 일제는 이 지역 조선인들의 저항에 대해서도 비슷한 입장을 취했다. 이런 가운데 리턴조사단Lytton Commission이 하얼빈으로 온다.[49]

만주사변 이후 일본의 관동군은 전쟁 불확대를 외치면서도 실제로는 전선을 확대하였다. 당초에는 일본의 만주출병을 치안유지 차원의 조치로 보고 호의적이던 국제연맹은 1931년 10월 8일 금주錦州 폭격을 접한 뒤 일본을 불신하기 시작했다. 당시 연맹 회원국이 아니었지만 반일 강경론을 펴던 미국을 이사회의 입회인으로 받아들여, 일본에 대해 공격적인 태도를

...

49 만주국과 리턴 조사단: 당초 만주 몽고 지방을 영유하려고 계획했던 일본 관동군은 만주 지배방식을 괴뢰국 수립으로 바꾼다. 1931년 10월 〈만몽공화국 통치대강안〉을 만들어 군벌들에게 지역 독립정권을 세우도록 했다. 11월 텐진에 망명 중인 청의 마지막 황제 푸이를 탈출시켜 만주국 황제로 삼는 계획을 추진했다. 1932년 1월 말, 상하이에서 일본군과 중국군의 충돌이 일어났다. 3월 1일 둥베이행정위원회가 만주국의 성립을 선포했다. 3월 9일 푸이가 집정에 취임, 새로운 국가로 출발하였다. 중국은 이 사태와 관련해 국제연맹에 제소를 했다. 국제연맹은 리턴 조사단을 파견하고 조사보고서를 채택, 일본군의 철수를 권고하였으나 일본은 이를 거부했고 1933년 3월 국제연맹을 탈퇴하였다.

취하였다. 이에 일본은 중립적인 조사단 파견을 제안하였는데, 이사회 결정 결과 1932년 1월, 영국 리턴 경卿을 단장으로 하여 이탈리아의 알드로반디 백작, 프랑스의 H.클로델 중장, 미국의 F.R.맥코이 소장, 독일의 H.슈네 박사 등이 조사단으로 임명됐다. 일행은 2월 29일 도쿄에 도착했고, 3월 14부터 4월 19까지 상해, 북경, 한구漢口를 답사한 뒤 6월 4일까지 만주지역을 조사한다. 이후 리턴 일행은 도쿄로 다시 돌아갔고 보고서는 베이징에서 작성한다. 이들이 조사 결과를 공표하는 것은 10월 2일이다. 그런데 남자현이 무명지를 자른 것은 9월 17로 되어 있다. 조사단이 만주 일대에서 조사 활동을 펼치던 때(4월~6월)와는 시기상 맞지 않는다. 이들이, 남자현이 침투해있던 하얼빈에 머무른 기간은 14일간이었다. 따라서 리턴이 조사 결과를 공표하기 직전에 하얼빈에 와서 머물렀다는 얘기가 된다. 이들은 조사 내용을 최종 점검하고 재확인하기 위해 이곳에 온 듯하다. 남자현은 이들이 만주를 조사하던 그해 여름에 첩보를 접했을 수 있으나, 조사단의 잦은 이동으로 접근하기가 불가능했을 것이다. 따라서 조사 결과를 최종 정리하기 위해 하얼빈 마디얼 호텔에 머문 시기를 노렸다. 리턴은 9월 19일 하얼빈에 도착해 10월 2일까지 여기에 있었다. 최종 발표는 하얼빈에서 했을 수도 있고 막판에 장소를 옮겨서 했을 수도 있다. 근 보름 동안 하얼빈에 머무는 외국인들. 남자현의 눈에는 외세의 침탈에 압사해가는 조선의 현실을 국제사회에 알릴 수 있는 더할 나위없는 글로벌 메신저로 보였을 것이다. 만주국도 마찬가지이지만 우리 조선도 민족의 의지와는 상관없이 일제에게 병탄당한 처지라는 점을 알릴 호기였다. 그녀는 자신의 왼손 손가락을 내려다보았다. 두 번 이상의 단지 혈서를 쓰느라 이미 엄지와 검지의 끝자락이 잘려나가고 없었다. 남은 세 손가락 중 무명지를 택하기로 했다.

그녀는 작은 종이와 세필 붓을 꺼냈다. 왼손을 바라보며 오른손으로 붓을 들어 김성삼에게 편지를 쓴다.

"사랑하는 나의 아들아. 오늘 왼쪽 무명지 두 마디와 이별하려 한다. 이름이 무명지無名指라 한들 어찌 쓸모없는 손가락이겠느냐. 제 나라를 잃고 무명민無名民이 되어 떠도는 내 넋보다는 실한 것이었느니, 어쩌면 평생을 가만히 붙어 내 손을 채웠던 이 작은 것이 나라를 위해 큰일을 할 수도 있겠다 싶구나. 중지와 약지 사이에 어중간하게 여기도 붙었다 저기도 붙었다 하며 살아온 줏대 없음을 논죄하는 준엄한 심판이 아니겠느냐. 그래도 오늘은 네가 중지보다도 약지보다도 훨씬 장하구나. 아들아, 하얼빈 남강(마기구에 위치)의 어느 중국인 음식점에서 가만히 내 왼손을 들여다보나니, 성경에 나온 대로 왼손이 하는 일을 오른손이 알 수 없을 만큼 쥐도 새도 모르게 처리해야 할 일이 있구나. 며칠 전, 국제연맹 대표단이 일제의 만주 침략의 부당성을 조사하기 위해 하얼빈에 온다는 첩보를 입수했지. 그간 신음해온 이 나라의 억울한 뜻을 만천하에 알릴 수 있는 절호의 기회가 아니더냐. 우리는 일제의 지배를 원하지 않으며 독립국가로 살아가기를 원하고 바란다는 것을 그들에게 알려준다면 세계에서도 여론이 생겨나지 않겠느냐. 일본은 우리의 입을 틀어막고 우리가 마치 그들을 자발적으로 받아들인 것처럼 세상을 속이고 있으니 이런 도적이 어디 있으랴. 오늘 무명민의 무명지가 비로소 제 할 말을 크게 할 것이다.

아들아, 이제 칼을 가지고 왔다. 내 손가락이 먼저 알고 피가 뛰는구나. 이것을 잘라 모레 국제연맹 조사단장인 리턴 경에게 전할 것이다. 지금 내게 두려운 것은 아무 것도 없다. 나라를 잃고 남편을 잃고, 더 이상 잃을 것이 무엇이 있겠느냐. 양반가의 할머니가 독립운동을 한다니 일견 우습게도 들릴 일이지만, 현실은 그런 모양을 가릴 때가 아니다. 이 늙어가는 육신의 일부라도 흔쾌히 끊어 절규를 내놓아야 할 때도 있는 법이 아니냐. 이제 칼을 들었다. 영양 산골에서 자라난 푸른

초목 같은 육신의 한 가지를 잘라내서 이 몸이 살아 있음을, 이 나라의 백성이 아직도 피를 철철 흘리며 살아 있음을 보여야겠다. 나, 남자현의 무명지, 세상을 위해 날아가리라. 자아!

시원하구나, 아들아! 내 오른손가락이 왼손가락을 들었다. 피를 뚝뚝 흘리는 무명지 잘린 손가락을 붓대처럼 들고 이 겨레붙이의 오직 한 가지 소원을 적어보려 한다. '대한독립원大韓獨立願', 이 다섯 글자면 충분하다. 대한의 겨레는 독립을 원하오. 아래에 '조선 여자 남자현'이라고 서명을 했다. 만주의 분노를 살피러온 이들이여. 조선의 피 끓는 마음을 이것으로 헤아리라. 이제 잘라낸 손가락과 이 혈서를 함께 무명손수건에 싸서 리턴 경에게 보내리라."

국제연맹 조사단이 머무른 하얼빈 마디얼호텔. 일제는 집집마다 바깥에는 만주국 국기를 걸게 하고 안에는 황제 푸이의 사진을 걸게 하여 하얼빈 시민이 만주국을 환영하고 있는 분위기를 내려고 애썼다. 이에 반발하는 혐의분자들은 가차없이 체포하여 송화강 건너에 있는 송포집중영에 가뒀다. 조사단이 하얼빈에 머무르는 동안 중국인 5명, 러시아인 2명, 조선인 1명(김곡)이 조사단에게 탄원 편지를 넘기려다가 일경에게 붙잡혀 총살을 당했다고 한다. 살벌한 분위기 속에서 남자현은 혈서와 손가락을 전달하기 위해 안간힘을 다했다. 결국 그녀는 직접 전달하는 일이 불가능하다는 것을 깨닫고 인력거 꾼 한 명을 포섭했다. 그는 마디얼호텔에 드나드는 사람이었 다. 그녀는 이 사람에게 대양1원을 주고 동여맨 작은 보자기 를 조사단에게 전해달라고 맡긴다. 이때 남자현은 이 보자기 속에 대한 여성들의 독립운동 현황에 대한 보고서도 함께 넣 었다고 한다. 고개를 끄덕이고 호텔로 들어간 인력거꾼을 그 녀는 다시 만날 수 없었다. 그는 일본 경찰의 검문을 당했다. 그를 조사하던 경찰은 인력거 밑에 매달아둔 보자기를 찾아 냈다. "이게 뭐요?" 인력거꾼은 새파랗게 질렸다. "누가 대양1 원을 주고 배달을 좀 해달라고 해서 ….." 경찰은 보자기를 풀 었다. 안으로 피 묻은 두루마리 한지 속에서 손가락 두 마디가 굳은 채 뚜르르 흘러내렸다. "으헉! 이게 뭐야? 이 자를 체포 해!" "저는 그냥 심부름만 ….." 애원 소리를 내는 사내의 얼굴 에 구둣발이 날아갔다. 인력거는 자빠지고 경찰들은 호각을 불며 비상 상황을 알렸다. "조선 여자, 남자현을 찾아!" 호텔 내부의 상황이 심각해질 가능성을 예견하고 있던 그녀는 동지 들과 함께 그 일대를 벗어나 긴급 피신을 한다. 무명지는 호텔 뜨락에 내던져졌다. 인력거꾼은 당시 총살당한 중국인 중의 한 명이었을 것이다. 조선중앙일보[50]는 이날의 거사가 실패 로 돌아갔음을 전하고 있다.

만약에 남자현의 혈서와 무명지가 리턴 조사단에게 전달되었다면, 상황이 어떻게 달라졌을까. 당시 국제사회에 중요한 파문을 던졌을 수도 있지만, 그럴 수 있는 여건이 아니었다는 냉정한 지적도 있다. 조사단은 일본의 요구에 의해 중국과 일본 양쪽에 대해 중립적인 인사들로 구성되어 있었다. 상당한 기간에 걸쳐 면밀히 조사하는 태도를 보였으나, 일본의 침략에 대한 석극적인 문제의식은 없었던 것으로 알려져 있다. 그들의 보고서는 중국과 만주의 실정, 중-일간의 분쟁, 만주사변의 경과를 비교적 치밀하게 기록하고, 만주사변을 일본의 침략행위라고 규정했다. 그러나 만주에서 일본이 일정한 권리가 있음을 인정하기도 했다. 만주국은 인정할 수 없으며 중국이 자치권을 가지는 것이 마땅하다고 주장하면서도 만주 내에서 중국과 일본이 경제협력을 적극적으로 추진하는 것이 바람직하다는 타협적인 의견을 내놓았다. 그러나 만주국의 부당성에 대한 태도는 단호했다. 일본은 이 리포트에 반대하여 11월 18일 의견서를 제출한다. 국제연맹은 리턴조사단 보고서를 42대 1로 채택한다. 일본은 회의장에서 퇴장했고, 이듬해 국제연맹에서 탈퇴해버린다. 당시 국제적인 조정 기구였

• • •
50 조선중앙일보, 1933년 8월 26일자.

던 국제연맹은, 강국인 일본을 통제할 수도 없었고 강력하게 비판할 수도 없었다. 남자현은 이 기구가 조선을 구할 실낱 같은 희망으로 보였지만, 그들은 제국주의적인 실익을 염두에 두는 강대국 연맹일 뿐이었다. 무명지가 소리높이 외치고자 했던 발언은, 아름답고 귀한 메시지였음에 틀림없지만, 당시 세계에 조선의 사연을 전파할 메신저에게 연결할 만한 '힘'도 없었고 죽을 고비를 넘겨 '접속'했다 하더라도, 그들이 약자의 편을 들었을지는 미지수이다. 그렇다 하더라도 남자현의 손가락에서 흘러내린 뜨거운 의기義氣는 기억되고 우리에게 지속적인 의미로 새겨져야 한다. 환갑을 바라보는 여인이 나라를 구하기 위해 하얼빈에서 제 손가락을 칼로 내려치는 그 장면을 잊어서는 안된다. 국제사회에서 약한 나라가 겪을 수밖에 없었던 고통과 슬픔을 함께 기억하여, '남자현다움'을 이 시대의 담대한 저력으로 확장시켜나가야 하지 않을까.

단
지
斷指

대홍수가 반도를 삼킨 경신년1920년 여름
만주의 조선독립 단체들이 4분5열하던 8월
국치國恥 불망不忘대회 단상에서
왼쪽 엄지 잘라 피글씨를 썼네
"한 가닥 빗줄기는 한낱 빗줄기일 뿐이지만
한날 한시에 저토록 뭉쳐내리면 천하를 휩쓰노라
저 잘났다 저만 옳다 가닥가닥 빗줄기들아
뜻도 없이 말라버리려고 압록을 넘었는가
나, 남자현 만주의 노부老婦로 쓸모없는 여자이나
망국을 쓸어낼 큰 물로 터지는 꿈을 꾸나니

그대들 국치 앞에서 치졸한 인치人恥 부끄럽지 않은가
감히 어미손가락 잘라 그대들에게 주노니
그대들 이 모지母指로 쓰는 피말씀을 들으라"

서라벌에서 대호大虎가 나타난 임술년1922년
환인현에서 독립군들이 서로 죽이며 피를 뿌렸지
나는 감연히 조선인들 앞에 나아가 식칼을 들었네
어미 가르침母指으로 모자라면 다시 검지로 말하리라
좌중이 놀라 말렸지만 나는 단죄하듯 서슴없이 내리쳤네
흐르는 피손가락 감싸며 오열하는 무리에게 소리쳤지
"내 손가락을 아낄 것인가, 그대들의 내일을 아낄 것인가
겨레 동지를 죽여 자랑삼은들 나라가 살아 돌아오겠는가
그 미친 듯한 힘을 아껴 어디에 써야하는지 도대체 모르겠는가"
사람들은 울며 손가락을 묻어 목비木碑 세우며
만주벌의 단지여호(斷指女虎, 손가락 자른 여자 호랑이)라 하였네
그래도 분열은 줄지 않았고 나는 피의 설유說諭를 거듭했지
그대들 하나로 뭉치기만 한다면 엄지 검지뿐이랴
내 목 또한 서슴없이 내줄 수 있는 것이거늘

10년만이구나 손가락아 오늘은 무명無名을 자르마

이름없는 나라의 이름없는 여인이 이름없는 손가락을 잘라

겨레붙이의 뜻에 진실로 이름 붙이고자 하나니

무명아 너는 오늘 나의 총구이며 전사戰士이다

이 날에 문득 고난의 왼손 내려다 보니

너희는 한 송이 매화꽃판 같구나

다섯 잎 나란히 붙어 한 시절 아름답게 꽃피고자 하였건만

만주 찬바람 여의치 않아 벌써 두 잎이 날아갔구나

왼손 들어 코 끝에 대니 매화향기 난다

먼 옛날 아버지는 불매당不賣堂 이름 지어

매화는 평생 추위도 그 향기 팔지 않음을 새겼지

내 왼손 평생 추웠으나 그 암향暗香 팔지 않았구나

이제 또 하얼빈 거친 바람에 한 꽃잎 날려보내나니

먼 나라 양심이여 코 끝에 전해지는 신산辛酸한 대의大義를

감히 외면하지 말라 조선 여자의 억눌린 비원悲願을

코로 듣고 귀로 맡으라 꽃잎 하나의 피노래

옛 사람은 매화를 보지 않아도 매화를 알았나니

한 줄기 향기로 온 천지 강고强固한 뜻을 열 자에 담는다

조선여인한대한독립원朝鮮女人恨大韓獨立願!

_빈섬 이상국

이듬해, 봄이 바닥을 기어오는지 으스스하게 추웠다. 1933년 2월27일, 오후 3시 45분. 하얼빈 도외정양가道外正陽街 거리. 삐이이이익! 바람을 가르는 호각소리가 들렸다. 순간 급박하게 뛰어가는 발소리 뒤로 일제 경찰 10여 명이 추격하고 있었다. 골목을 돌아섰을 때 저쪽에서 다시 튀어나오는 5, 6명의 경찰. 두어 발의 총성이 울렸다. 경찰들이 총을 겨누며 포위망을 좁혀오는 가운데, 권총을 든 남루한 행색의 사람이 쓰러졌다. 모자를 깊이 눌러쓰고 있던 그는 여인이었다. 쌍꺼풀 없는 강인한 얼굴의 조선 여인. 권총을 빼앗긴 뒤 경찰들에 의해 양팔이 뒤로 꺾였다. 그녀의 품에선 비수匕首 하나가 나왔다. 그리고 옷 속에 피 묻은 군복을 껴입고 있었다. 오래전 남편이 전사할 때 입었던 의병군복을 피얼룩 그대로 걸치고 있었다. "야! 거지할멈! 남자현, 61세 … 당신 맞지? 손가락 내봐!" 조선어로 누군가가 큰 소리로 외쳤다.[51]

대체 그녀는 왜 걸인차림으로 하얼빈 거리를 걷고 있었을까. 일제는 어떻게 이 여인을 체포했을까. 우선 시계를 한 달여 거꾸로 돌려 그해 1월 초로 가보자. 남자현은 부하 정춘봉鄭春奉과 얘기를 나누고 있었다.

"일제가 허수아비 만주 정부를 세우고 중국 깊숙이 침공할 준비를 하고 있습니다."

"죽일 놈들. 저들이 저렇게 날뛰는 것을 대한독립군들이 지켜만 보고 있어서야 되겠는가. 저들을 겁내지 않는 사람들이 있음을 보여줘야겠다. 일제의 심장에 일격을 가할 방도가 없겠는가."

"있긴 있습니다만 …."

"말해보라."

"아주 위험한 일입니다. 요즘 경계가 워낙 삼엄해져서….

<hr />

51 조선중앙일보, 1933년 8월 26일자. 독립혈사 '남자현여사 약전', 1956년, 대한문화정보사, 281쪽. 피 묻은 군복 내용은 손자 김시련의 증언.

만주에서 일제 최고인물인 무등신의武藤信義, 무토 노부요시 전권대사를 처단하는 겁니다."

"그놈에게 접근하는 일이 쉽지 않을 듯한데 …."

"예. 그렇지요. 한데 오는 3월 1일이 기회입니다. 이날은 우리 대한이 만세운동을 벌인지 14년이 되는 때이기도 하지만, 만주국 수립 첫돌이기도 합니다. 이날 이들은 신경新京[52]에서 거창한 기념식을 벌이기로 되어 있습니다. 거기서 거사를 펼치면 역사의 방향을 돌릴 수 있지 않을지요."

"음 …. 무기 조달은 어떤가. 가능하겠느냐?"

"잘 알고 지내는 중국인 몇 명을 통하면 폭탄까지 준비할 수가 있습니다."

"그래, 고맙구나. 이 일은 내가 처리한다. 내 이제 죽어도 아무런 여한이 없는 나이이니 두려움이 없다. 부토를 처형한 뒤 내 몸을 하얼빈 허공에 어육魚肉으로 갈기갈기 날리리라." 동지였던 일송 김동삼은 2년 전(1931년) 체포되어 경성 감옥으로 이감되어 있었고 정신적 지주이던 석주 이상룡은 1년 전 여름에 눈을 감았으며 종교적인 지우知友이던 해석海石 손정도 목사도 2년 전 돌아간 터라, 그녀에게 만주는 이제 쓸쓸한 전장戰場이었다.

• • •
52 신경: 일본은 장춘을 만주국의 새 수도로 선언하면서 이렇게 호칭했다.

1933년 1월 20일 이들은 몇 명의 조선인 동지를 규합한 뒤 중국인들과 함께 다시 모였고 권총 한 자루와 탄환, 폭탄 2개를 준비하기로 했다. 무기를 건네받는 날은 27일 오후 4시였다. 남강 길림가 4호 마기원馬技遠 집 문앞에서 붉은 천이 펄럭이면 그때 무기가 든 과일상자를 옮기기로 했다. 기념식장으로 침투하고 거사를 벌이는 것은 남자현 혼자서 하기로 했다. 일정이 정해지고 난 뒤 그녀는 도외구도가에 있는 무송도사진관에 들른다. 22일이었다. 최후를 예감했기에 기념사진을 찍고 싶었을까. 권수승이라는 동지에게서 대양3원을 빌려 사진 찍는 비용을 냈다. 그녀는 이 사진을 혈육이 챙기기를 바랐을까. 하지만 그럴 경황이 없었다. 만주국의 '빅맨'을 저격하는 임무를 앞두고 비장한 심경으로 찍었을 사진은 지금 어디로 가있을까.

23일 오전 10시에 다시 거사 장소를 확인했다. 27일 오후 3시 혹시 있을지 모르는 상황에 대비해 거지로 변장하고 모자를 눌러썼다. 다리를 절뚝거리며 조심스럽게 길림가 4호로 무기를 받기 위해 이동하고 있었다. 일제 경찰이 덮친 것은 그때였다. 거사를 논의했던 사람 중에 조선인 밀정이 끼어 있었던 것으로 추측된다. 함께 일을 추진했던 손보현이 봉천에서 먼저 체포되었지만 남자현은 이 사실을 알지 못했다. 그녀는 하얼빈 감옥에 투옥된다.

눈보라를 쓸며 으르렁거리는 북만주

섣달 바람이 먼지 낀 창에 들이쳐 덜컹거린다.

도외구도가 무송도사진관, 계유년1933년 1월22일

카메라 뒤쪽 검은 베일을 덮어쓴

곰보 사진사의 말짓에 따라 고개를 당기고 밀었다.

좁은 마루 의자에 앉은 여인. 난로 속에서 타닥이던

나무땔감 터지는 소리에 잠깐 긴장했다.

도마안중근의 총성이 울린지 24년이 지났지만

하얼빈 하늘은 늘 귀성鬼聲이 운다.

첩자들은 들끓고 암살의 공기는 거리를 떠돈다.

흰옷 차려입은 내 모습 보며 환갑 나이로는 안 보인다며
늙은 사진사가 껄껄거릴 때 나는 K를 떠올렸다.
며칠 뒤 또하나의 도마가 하얼빈을 진동시키는 날이니
깨끗한 최후 사진이라도 찍어두라고 말했던 그 사람,
대양 3원을 받아쥐고 달려온 나를 살피며
문득 혀를 찬다. 혁명을 하자는 것이냐 낭만을 하자는 것이냐.
총알 하나로 무토 노부요시일제 만주전권대사를 죽이고
다른 하나로 내 이마를 쏘면 육십 년 내 육신
고마운 기념이지, 사진은 무슨 사진이람.
나는 다시 생각했다. 길림의 감옥에 있는
동지를 면회갔을 때 아들김성삼이 찍자고 하여
함께 포즈를 취했던 사진 한 장. 그 사진 오려쓰면
손자들 만날 얼굴은 되지 않겠는가.
굳이 또다른 사진을 남기겠다는 허영虛榮이라니,
스스로 가소롭다.
그날 틈틈이 필사한 성경聖經을 동지에게 건넸을 때
그는 불쑥 말했다. "지금 우리는 하늘을 믿는 것보다
서로를 믿는 것이 더 필요한 때 같습니다."
사진을 남기는 건 흔적을 남기는 것, 나를 쫓는 이들에겐
먹잇감을 던져주는 것, 밀정 이종형이 나를 잡아 넘기려

혈안이 되어 있다던데 K가 혹시 끄나풀인가. 곰보 사진사마저

일제 경찰에 이어져있는 후각 좋은 개가 아니던가.

사진관을 나올 때 눈발이 이마를 치듯 불길한 예감.

하얼빈은 지금 천지가 어둑어둑하여 피아彼我가 뒤섞인다.

1933년 2월27일 아침에 몸을 씻고 피묻은 옷을 입는다.

37년 전 죽은 사내의 옷을 속옷처럼 껴입는다.

그날 진보 홍구동 골짜기에서 마지막 체온을

지켰던 그 옷, 환갑에 이른 여인이

마침내 죽을 전투를 나가며 그 옷을 입는다.

옷 속에서 빠져나간 한 남자의 길과

다시 그 옷 속으로 들어온 한 여자의 길.

살면 남편과 함께 산 것이요

죽으면 사랑하는 김영주와 함께 죽는 것이다.

피얼룩 어루만지며 시간이 식히지 못한 사랑에 잠깐 떤다.

여보, 나를 도마처럼 죽게 해주시오.

칼과 송곳으로 얼굴에 상처내고

흙과 검댕 바르고 머리칼을 흩으니

더러운 옷 속에 미친 거지할멈, 네가 남자현이냐.

60년 내 몸도 알아보지 못하겠구나

다리 절뚝이며 길림가로 걸어간다. 이제 무기를 건네받아

만주국 수립 기념식에 스며들어 부토의 가슴에

탄환을 박으리라. 품에 안은 폭약으로

일제의 잔치판을 아비규환으로 만들어 놓으리라.

오후 3시45분 도외정양가 거리

문득 길 저편에 얼핏 K처럼 보이는 자가

나를 향해 손가락을 가리킨다.

순간 호각소리와 **총성**이 울렸다.

경찰들이 우루루 달려와 소리친다.

얼굴을 닦아.

너, 남자현이지?

손가락 내!

쓰러진 몸으로 단검을 휘두르며 저항한다. 하얼빈 하늘
에 다시 눈발이 흩날린다. 잿빛 머리카락이 땅바닥에 흩
어진채 짓밟히는 여인. 팔이 꺾이고 외투가 벗겨지자 속
옷처럼 껴입은 옛사내의 군복이 드러난다. 오래된 핏자
국 위로 다시 여인의 피가 터져 흐른다.

_빈섬 이상국

남자현은 하얼빈 주재 일본영사관에 설치된 감옥에서 그
해 봄과 여름을 보냈다. 잔혹한 고문에 시달렸고 집요한 추궁
을 받았다. 당시 신문들은 한동안 무등전권대사 암살 미수 사
건을 보도하지 못했다. 일제가 통제를 했기 때문이다. 상당 기
간이 지나서야 엠바고가 풀려 남자현의 의거 행동이 세상에
알려졌다. 8월 6일 그녀는 곡기를 끊기 시작했다. 일제가 식
사를 넣자 이렇게 소리쳤다. "이제 너희가 주는 밥은 먹지 않
는다. 너희가 감히 나를 살리고 있으니 내가 스스로 죽어 너희
들을 이겨야겠다. 조선은 그렇게 호락호락하지 않다. 내 죽음
은 끝이 아니요, 이제 시작일 뿐이다. 너희는 사는 것이 곧 죽

는 것이요, 나는 죽는 것이 곧 사는 것이다." 이후 11일이 지난 17일 사경을 헤매자 당황한 일제는 인사불성인 그녀를 병보석으로 풀어준다. 인근 적십자병원으로 옮겨 가족에게 인계했다.

친손자 김시련은 이때의 상황을 이렇게 증언했다. 김씨는 당시 부친 김성삼과 함께 만주 교하에 살고 있었다. "아버지는 신의주에서 일을 하고 계셨는데 갑자기 집에 빨리 가고픈 생각이 들었답니다. 그래서 와보니 일경으로부터 할머니가 위독하다는 전보가 10여 통 와 있었어요. 그 길로 아버지는 만주 적십자병원을 향해 집을 나섰어요. 그때 나는 아버지와 함께 가겠다고 떼를 썼지요. 어쩌면 할머니를 다시 못 볼지도 모른다는 생각이 들었거든요."

부자가 도착했을 때 남자현은 숨을 거두지 않기 위해 애를 쓰는 것처럼 보였다. 아들과 손자를 보자 두 눈가에서 굵은 눈물이 주르륵 흘렀다. 그녀는 "이제는 됐다."라고 조용히 말했다. "나를 조선인이 하는 여관으로 옮겨다오." 남자현은 하얼빈 지단가地段街에 있는 조씨가 운영하는 곳에서 쉬고 싶다고 했다. 아마도 일제의 감시를 의식한 때문이었을 것이다. 고통스런 몸을 이끌고 장소를 옮긴 그날 저녁, 여관에는 독립운동 동료들이 북적였다. 여러 집단의 사람들이 저마다 찾아와 눈

남자현 여사 임종을 지키는 아들 김성삼

물을 흘리다가 돌아갔다. 사람들이 떠나가자 그녀는 아들과 손자를 가만히 불렀다. 감춰둔 행낭을 꺼내 오라 하고 거기서 249원 80전을 꺼냈다. "이 돈 중에서 200원은 조선이 독립되는 날 정부에 독립축하금으로 바치라. 그리고 손자 시련을 대학까지 공부시켜서 내 뜻을 알게 하여라. 남은 돈 49원 80전의 절반은 손자 공부시키는 데 쓰고 나머지는 친정에 있는 손자를 찾아 교육시켜라." 그녀의 최후를 기록한 신문[53]에는 다음과 같이 보도됐다.

"이미 죽기를 각오한 바이니까 …." 단지斷指한 손을 내놓으면서 "이것이나 찾아야지." 하고는 기운이 없어 더 말하지 못하고 혼수상태에 들어갔다.

• • •

53   조선중앙일보 1933년 8월 26일자 보도.

남자현의 마지막 말은 몇 가지가 더 있다. "사람이 죽고 사는 것은 먹고 안 먹고의 문제가 아니라 정신에 있다."(손자 김시련의 증언) 이 말은 먼저 나온 말이 아니라 가족들 중에서 "지금이라도 식사를 하셔서 원기를 회복하는 것이 어떠냐."는 하소연에 대한 대답으로 보인다. 그녀가 선택한 단식이 '정신을 살리는 길'이었음을 천명한 것이리라. 그녀는 또 "자는데 깨우지 마라."는 말도 남겼다. 죽음에 초연해진 내면을 엿보게 하는 숙연한 일언이다. 이튿날 점심때까지 잠자던 남자현은 결국 다시 일어나지 않았다. 혼수상태로 풀려난 지 닷새 만이었다. 국내 신문은 그제야 '부토 모살범謀殺犯'이란 제목으로 그녀의 순국을 알렸다. 이해 8월 27일자 조선중앙일보의 보도는 이렇다.

　　"30년 만주를 유일한 무대로 조선○○운동에 종사하던 남자현(여자)은 당지 감옥에 구금 중이든바, 단식 9일 만인 (기간이 이틀 줄어 있다) 지난 17일에 보석 출옥하였는데, 연일 단식을 계속한 결과 22일 상오(하오) 12시반경에 당지 조선려관에서 영면하였다."

남자현 여사의 순국을
보도한 당시 신문

순국한 뒤에도 남자현의 장례는 일제가 신경 쓸 수밖에 없었다. 조선인이 결집하는 계기가 될 수 있었기 때문이다. 23일 오후 3시 30여명이 모인 가운데 여관에서 영결식이 치러졌고, 3시 20분에 발인하고 6시경에 마가구 공동묘지에 안장됐다. 하루 만에 장례를 후닥닥 치른 것은 일제의 강요가 있었을 가능성이 있다. 9월 들어 아들 김성삼이 부고를 인쇄해서 돌렸는데, 일제 총영사관 경찰서에서 400장을 압수하는 사건이 생겼다. 일제는 남자현의 사망 원인이 단식이라고 적은 부고 내용을 문제 삼았다. 그들은 질병에 의한 사망이라고 주장했다. 아들이 돌린 부고는 장례식을 알리는 게 아니라 묘비 입석식과 관련된 것으로 보인다.

그녀의 유언은 실천되었다. 손자인 김시련은 몽고 부여현의 중국학교를 졸업하고 1943년 하얼빈 농대를 졸업, 해방 뒤에도 교직에 오래 몸담는다. 아들 김성삼은 1935년 경북 영양군 수비면 계동의 남자현 친정에서 종손 남재각을 찾아 만주로 데려와 사범학교에 보낸다. 그는 해방 이후 초등학교 교감을 지냈다. 또 해방 이듬해인 1946년 3월 1일 3·1절 기념식장에서는 특별한 행사 하나가 있었다. 이승만, 김구 등 요인이 참석한 가운데 남자현이 유언하고 남긴 독립축하금을, 임시정부 요인 조영원趙永元이 전달한 것이다.

2010년 8월호 잡지에 8·15 기획으로 '여자 안중근, 남자현을 아는가'라는 기사를 커버스토리로 싣기 위해 분주하게 뛰어다녔다. 마침 7월에 한 경북지역 신문에 '영양 지역 스토리텔링'으로 그를 다룬 바 있기에 이번에 한 작업은 보강취재였다. 영양군 생가와 사당 일대를 돌아보고 서울의 월곡동에 살고 있는 친손자 김시련 선생, 또 상주에 살고 있는 친정 손자 남재각 선생, 그리고 청와대에서 근무했던 또 다른 친손자 김시복 선생과도 인터뷰를 했다. 워낙 자손이 귀한 집이라 그분들을 찾아낸 것만도 무척 다행한 일이지만, 사실 그들에게서도 기존의 성긴 자료 이외에 별로 추가할 만한 내용들을 취재

해내지 못했다. 역사의 먹먹한 단절감 같은 것이, 중언부언하는 기억들 너머에서 가물거렸다. 지난번 삼청감리교회에서 남자현을 만났을 때, 정작 중요한 것을 묻지 못했다. 어떻게 47세나 된 시골의 보통여인이 목숨을 걸고 만주에까지 뛰어들게 되었는가. 무장투쟁을 아무나 하는 것이 아니지 않은가. 이 코페르니쿠스적인 인생 대전환을 설명할 키워드는 무엇인가. 남자현의 삶에 있어서 가장 중요한 대목은 이 부분이 아닐까 싶다. 일제에 목숨을 잃은 남편의 원수를 갚기 위해서? 이렇게 설명하면 간명하긴 하다. 하지만 무려 23년이나 지난 뒤에 그런 결심을 한단 말인가? 3·1운동이 그녀를 각성시켰는가. 그럴 수도 있다. 하지만 그것 또한 한 시골여자를 총을 든 전사로 바꿀 전적인 계기로 보기에는 고개가 갸웃거려지는 점이 있다. 아이도 대강 다 키웠고, 이제는 인생에 못다한 미션을 할 시간이 되었다고 판단했기 때문에? 이것도 후세에서 편안히 앉아서 늘어놓는 풀이일 뿐이다. 아기를 다 키우면 죽어도 괜찮다고 생각할 수 있는 건 아니다. 3·1운동 직후 왜 영양으로 돌아가지 않고 만주로 갔는가. 그러나 그 질문을 받아줄 그녀는 연락이 없었다.

8월 22일 새롭게 개통한 스마트폰의 '카카오톡'에 새 친구 하나가 등록됐다. 유란이라는 이름이었다. 유란? 유란이 누구더라? 내가 아는 사람 중에 그런 이름은 없었다. 잠깐 뒤에 메시지가 날아왔다. "안녕하세요. 절 기억하지요?" "누구 ⋯." 그렇게 대답하려다가 잠깐 스치는 것이 있었다. 지난번 얘기에서 남자현의 남편 국오가 아내에게 주는 시에서 쓴 호칭이 아닌가! 나는 썼던 메시지를 다시 지우고 썼다. "남자현 선생이군요. 이번엔 연세가 어떻게 ⋯?" 이상한 질문이지만, 그렇게 물을 수밖에 없었다. 그녀는 대답 대신 프로필 사진을 바꿨다. 그녀의 사진으로는 유일하게 남아 있는 '영정 사진'이었다. 아, 8월 22일. 그녀가 하얼빈의 조선인 여관에서 눈을 감던 바로 그날이었다. 임종 직전 남자현 선생과의 카카오톡 대화라⋯. 하지만 그도 자판을 타이핑하는 하는 일이 쉽지 않은 듯 답신이 느렸다. 몇 마디 얘기를 나누던 끝에, 이렇게 말했다. "실례가 되지 않으면 지금 계신 그 서재를 방문해도 될지요." "예, 기다리고 있겠습니다."

30분쯤 뒤에 방문을 두드리는 노크소리. 조금 수척하지만 여전히 강해보이는 그녀가 들어왔다. "여기 앉으시지요." 의자를 내밀자 깊은 미소를 지어보이며 천천히 앉았다. 감옥에서의 고통이 육신 속에 가득 배어 있는 듯 했다. 그녀를 위해 차를 내오게 했다. 찻잔을 들면서 그녀는 나를 천천히 응시했다. 나 또한 61세의 그녀를 가만히 바라보았다. 나이보다는 훨씬 젊고 단단했다. 투쟁가라고 하기엔 너무나 얼굴이 평온하고 따뜻해 보였다. 몇 가지 궁금했던 것들을 질문하기 시작했다. "만세운동 때 갑자기 서울로 올라오게 된 까닭이 무엇이었습니까? 또 만주로 갈 결심을 한 계기 같은 게 있었습니까?"

"교회에 다니게 되면서 삶에서 중요한 것이 현실의 복락福樂이 아니라, 옳은 일을 하는 신념이라는 것을 깨달았습니다. 옳다고 여기는 것을 그저 머리로만 이해하는 것이 아니라, 실천궁행함으로써 옳지 않은 것을 옳게 만드는 일이, 참으로 귀한 가치라는 것을 알게 되었습니다. 거기에서 만난 많은 분들과 이런 문제에 관해 난상토론을 하였습니다. 그간에 나는 내삶을 이토록 피폐하게 만든 왜적에 대한 분노가 늘 들끓고 있었고, 또 아버지와 남편을 앗아간 원수에 대한 증오가 소용돌이쳐서, 이런 것들이 생겨나는 원인을 직시하지 못하였습니다. 그제야, 공서가 오래 전에 맹자를 인용해 한 말씀이 떠올랐습니다. 보다 큰 것을 위한 의로움에 매진하는 것이, 나를 덜 공허하게 할 것이라는 결론을 내렸지요."

"아, 그랬군요. 그렇다고 해도, 나이가 적잖은 여자의 몸으로 그런 결심을 내리기엔 ……."

"그때 나는 무엇인가 깊이 절망하고 있었습니다. 더 이상 앞으로 나아갈 것이 없었습니다. 무엇을 해도 나라가 없이는 아무 것도 의미가 없다는 생각이 들었습니다. 그때 내가 왜의 헌병을 찔러죽이고 난 뒤 내 꿈에는 그자가 두억시니처럼 쫓아다녔습니다. 공서가 만주로 떠나고 난 뒤 뱀을 잡으러 다니던 땅꾼들이 산 속에서 헌병의 시신을 찾아냈습니다. 물론 공서가 내가 꽂은 장도를 빼냈으리라 생각하지만, 헌병이 나를 쫓아다닌 것을 아는 이들이 있는지라 내심 불안하기도 하였습니다. 이러다 붙잡혀 죽느니 차라리 가치 있는 무엇을 하자. 그런 생각을 하였습니다."

"만주의 생활은 어땠습니까?"

"거기는 기본적으로 사람이 살 데가 아니었습니다. 법도 치안도 없는 정글 같은 곳이었습니다. 마적 떼가 돌아다니며 약탈을 일삼았고, 농토는 거칠었고, 의지할 동지도 많지 않았습니다. 안동 일대에서 먼저 들어온 선배들이 여러 가지 배려를 해주고, 또 같은 조선인들끼리 뭉쳐서 농사도 짓고 서로 의형제, 의자매를 삼으면서 낯선 땅에 정을 붙이려 애썼던 것 같습니다. 가장 큰 문제는 독립운동을 하는 사람들끼리도 서로 반목하는 일이었습니다. 교회에서 배운 간호와 간단한 의료 행위는 그곳에서 참 요긴했지요. 아픈 병사들을 치료하고, 또 고독과 불안에 사로잡힌 사람들을 위로하는 일이 무엇보다도 필요하였습니다."

"그곳에서 농사도 지었습니까?"

"물론이죠. 독립투쟁을 하는 동안에도 한쪽에선 그 전투식
량을 대는 농사일은 멈추지 않았습니다. 특히 이앙을 하고 농
토를 비옥하게 유지하는 기술은, 조선인이 간도에 전파했다고
할 만합니다. 농사를 짓는 틈틈이 선교 활동과 교육, 의료를
병행했습니다. 처음에 간도에서 내가 생각한 것은 '살리는 전
쟁'이었습니다. 먹여 살리고 가르쳐 살리고 치료해 살리는 일
입니다. 그리고 또 분열한 동족들에게는 서로 손을 잡게 하여
모두를 살리는 일을 하고 싶었지요. 위기에 처한 도산안창호
을 구하고, 일송김동삼의 구명운동을 펼쳤던 일이 큰 보람이
었습니다."

"하지만 나중엔 무장투쟁에 더욱 힘을 썼는데 …?"

"그랬지요. 일제의 탄압이 거세지고 교묘해지면서, 치명적
인 타격이 필요해졌습니다. 여성이라고 그냥 앉아 있기에는
너무 중요하고 위태로운 순간이었습니다. 1909년의 도마(안중
근의 세례명, '토마스') 의거가 우리를 분발하게 하는 모델이었지
요. 요인 암살이야말로, 조직적인 힘을 갖춘 일제를 일거에 굴
복시킬 수 있는 타격이라고 생각했습니다."

"공서와는 언제 다시 만났나요?"

"독립투쟁을 좀 더 무섭게 하자는 논의가 내부에서 나오고

있을 때였습니다. 1926년 그분과 나를 포함한 일행이 무기를 구해 조선으로 잠입했지요. 사이토 조선총독을 저격하여 식민정책 자체를 뒤흔들어보자는 전략이었습니다. 총독을 노린 저격 작전은 그 전해에도 여러 차례 있었습니다. 다만 내가 갈때 만주의 투쟁가들이 상당히 기대를 지녔던 대목은, 내가 여성이기 때문이었을 거예요. 이것은 일제의 허를 찌르는 전략이 될 수도 있거든. 독립군들 사이에서 나는 임기응변이 뛰어나고, 간담이 커서 상황을 잘 활용해 큰일을 해낼 것이라는 소문이 있었죠. 그래서 '간도의 여호女虎'라는 별명도 가지고 있었습니다. 내가 선발되어 갈 때 공서에게 동행을 청했습니다. 중요한 순간에 나의 결행을 잘 도와줄 수 있는 유일한 사람이었기 때문입니다. 그때 공서는 내게 말했습니다. '이번의 조선 여행이, 우리 생의 마지막 길이 될 가능성이 크니, 기분 좋게 다니러 갑시다.' 그러면서 껄껄 웃었지요. 나도 살아 돌아오리라는 생각은 하지 않았습니다."

"혜화동에서 기회를 엿볼 때, 문제가 생겼죠?"

"예. 그것 참 공교로운 일이었습니다. 정보에 어두울 수밖에 없다보니 …. 그때 그 스물아홉 살의 송학선이라는 사람은 대단한 사람이었어요. 순종황제 조문행렬이 이어지던 4월 28일 창덕궁의 서남문인 금호문에서 세 명이 타고 오는 무개차를 습격했지요. 사이토의 차라고 생각했던 것이죠. 주위에 있던 일본인 세 명을 순식간에 죽이고 총독처럼 보이는 인물의 가슴에 칼을 꽂았죠. 불행히도 그는 죽지 않은데다가, 총독도 아니었습니다. 이때 우리는 혜화동 28번지 고석태의 집에서 총기를 확인하며 기회를 기다리고 있었습니다. 송학선 의거가 실패로 돌아간 뒤 일대의 경비가 삼엄해졌고, 불심검문과 가택수색이 잇따랐습니다. 5월 중순까지 그 집 널빤지로 된 지하실에서 기거하면서 꼼짝을 할 수 없는 상황이 되었습니다. 그냥 만주로 돌아갈 수도 없고, 여기서 그냥 붙잡히는 것도 억울하고 ⋯. 그래서 '누구라도 한 명 죽이고 가자'는 결론을 내렸습니다. 경계가 삼엄하던 5월 21일, 우리는 인시仁寺마을을 지나던 경성부회 의원 하나를 습격해 처단했습니다. 내가 그에게 말을 걸었고, 맞은 편에서 오는 행인처럼 가장한 공서가 칼을 던져 그를 쓰러뜨렸습니다. 이날 밤 우리는 경성을 떴습니다. 국경을 넘은 뒤 집결하기로 하고 각기 흩어졌습니다. 총독을 죽이지는 못했지만, 훗날을 기약했습니다. 이튿날 다시 경성이 발칵 뒤집혔다는 소문이 돌았습니다."

"시인 고정희는 '남자현의 무명지'라는 시를 썼습니다. 사람들이 유란남자현의 행적을 잊어버렸거나 모르고 있었을 때, 한 시인이 역사의 몰이해를 깨고 가장 인상적인 장면 하나를 끌어낸 것이라 할 수 있습니다."

　"역사는 승자의 편이며 기록자의 편이기도 하지만, '결과'에만 집착하는 경향이 있습니다. 내가 사이토 총독도 죽이지 못했고, 국제연맹 단체에게 대한독립의 염원을 제대로 전달하지 못했지만, 나의 기상만큼은 어느 누구도 꺾지 못할 만큼 사납고 뜨거웠다고 말할 수 있습니다. 하얼빈 마디얼 호텔에 영국의 리턴 경을 단장으로 한 '일제 탄압 조사단'이 나온다는 소식을 들었을 때, 나는 탄원 혈서를 직접 들고 그들을 찾아갈 작정이었습니다. 그런데 이미 조선인 김곡이 편지를 들고 그곳을 서성거렸다가 붙잡혀 처형됐고, 중국인과 러시아인들도 죽음을 당했습니다. 그들의 눈길을 붙잡기 위해서 폭탄을 거기에 던지는 방법도 생각했습니다. 하지만 이들을 놀라게 하는 것은 오히려 탄압을 합리화하는 역효과를 자아낼 수 있다는 지적에 따라, 투쟁적인 방법은 삼가기로 하였습니다. 그 대신에 60세나 된 할머니가 제 손가락을 두 마디나 끊어 그것으로 붉디 붉은 '조선여인한 대한독립원朝鮮女人恨 大韓獨立願' 열 글자를 써서 보내면, 눈길이라도 오래 주지 않을까 하는 생각이었습니다. 이미 그간에 찢어진 독립진영들의 통합을 외치는 단상에서 두 번이나 단지斷指를 한 바 있었기에, 엄지와 검지는 쓸 수가 없었습니다. 그래서 네 번째 손가락을 택했지요. 너무 깊이 잘라서 그런지 피가 멈추지 않았습니다. 그렇지만 손가락이 사라진 손에 붕대를 감기 전에, 손가락을 넣고 종이를 말아 편지부터 썼습니다. 호텔에 드나드는 인력거꾼이 그것을 가지고 들어갔으나, 그는 나오지 않았습니다. 아마도 발각되어 처형된 모양이었습니다. 그의 피맺힌 '조선여인한'은 호텔 어디에서 펼쳐지기나 했는지, 아쉽고 안타까울 따름입니다."

"만주의 일제전권대사 무토 노부요시 암살계획은 유란의 마지막 미션이었습니다."

"일제의 대륙지배는 점차 노골적이 되고, 조선의 독립 가망은 자꾸만 멀어져가고 있었지요. 환갑을 넘긴 이 할머니독립군이 할 수 있는 일이 무엇이겠습니까. 조직의 활동을 하기에는 이미 버거워졌습니다. 이 몸이 부토를 죽일 수 있다면, 이 먼 만주 땅으로 건너와 십여 년을 활약한 보람이 있다고 생각했습니다. 부토는 식민 침탈의 상징과도 같은 인물이었습니다. 일본의 경계는 물론 엄중했지만, 노파라는 점을 잘 활용하기만 하면, 거사가 성공할 수도 있다고 생각했습니다. 문제는 내 얼굴이 하얼빈 일대에서 상당히 알려져 있는 점이었습니다. 무기 접선 날짜를 받은 뒤 나는 변장에 공을 많이 들였지요. 칼끝으로 곳곳에 흉터를 내서 동지들조차도 알아볼 수 없을 만큼 괴이한 얼굴을 만들었습니다. 사실 공서는 이 계획을 말렸습니다. 거사를 진행하기에는 조선인 배신자들이 너무 많아 밀고의 우려가 크고, 또 여성 혼자서 단독으로 일을 치르기엔 전권대사 주변 경호원들이 너무 많다는 점을 들었지요. 그때 나는 그렇기 때문에, 나 같은 노파 하나가 감히 그런 일을 꾸미고 있을 거라는 생각을 하지 못할 거라고 했지요. 그는 내게 너무 조급해하지 말고, 때를 기다리자고 했습니다. 나는, 우리가 기다릴 수 있는 '때'는 갈수록 사라져가고, 지금이 그래도 뭔가를 해볼 수 있는 때라고 반론을 했지요. 공서와 내가 이토록 서로를 반박하며 논쟁했던 때는 그때가 처음이었을 겁니다. 나의 기세에 공서도 뜻을 접고, 무기 지원을 돕기로 하였습니다."

"어디서 문제가 생긴 겁니까."

"중국인 무기 중개상에게 돈을 건네주고 밀고를 부탁한 조선인이 있었던 모양입니다. 의열단원으로 행세하면서 독립운동가들을 잡아들이는 데 귀신이었던 밀정 이종형이 끼었을 가능성이 큽니다. 우린 대머리인 그를 독禿종형이라 불렀습니다. 1930년 3·1운동으로 오랫동안 복역하다가 풀려났다면서 만주로 온 사람이었는데, 말과 행동이 달라 만주에서도 경계할 인물로 손꼽혔지요. 그가 나의 계획을 알게 된 뒤 일제와 결탁하여 사전에 망을 쳐놓고 기다렸던 것 같습니다만."

"체포되는 날의 상황을 좀 구체적으로 ….."

"1933년 2월 27일이었죠. 오후에 하얼빈 도외정양가道外正陽街에서 탄약을 받기로 되어 있어 길을 건너고 있었습니다. 그때 호각소리가 들렸고 경찰들이 튀어나왔습니다. 그들은 나를 붙잡아 엎드리게 한 뒤 손가락부터 확인했습니다. 왼손에 손가락이 두 개밖에 없는 것을 확인한 순간, '남자현을 잡았다'고 소리쳤습니다."

"그때 옷 속에 국오가 전사할 때 입었던 군복을 껴입고 있었다고 하던데 ….."

"허허. 그건 만주에 갈 때부터 항상 입고 있었습니다. 그것은 한 남자에 대한 뿌리 깊은 순정이기도 하겠지만, 그보다 내 인생의 큰 전환을 이룬 '큰 가치에 대한 신념'을 일깨워준 것이기 때문이지요. 왜인들은 그 옷을 빼앗아가서 목숨을 보존하는 부적 같은 것으로 인식해 토막토막 찢어 가슴 안에 넣어 다녔다고도 하더군요. 정신을 모르는 자들의 우스운 일일 뿐입니다."

"하얼빈 감옥에 투옥되었을 때 처음엔 순응하는 듯하다가 나중에 단식투쟁을 시작했는데 ….. 어떤 계기가 있었는지?"

"사실 나는 그때 최후의 거사를 실행도 못 해보고 좌절한 것에 대해 몹시 화가 나 있었습니다. 이 일을 밀고한 자에 대한 분노도 차올랐고요. 한동안 나는 이곳에서 다시 나가, 꼭 부토를 죽이리라고 마음먹고 있었습니다. 그러면서 고문을 당하고 몸이 망가지면서 그런 임무를 수행하기에는 힘겨울 수 있다는 생각을 하게 된 겁니다. 다시 부토를 죽이는 일이 아니라면 살려고 하는 일이 구차하고 무의미한 것이 아닌가. 이렇게 생각했습니다. 그 뒤 단식을 결심했습니다. 나는 너희가 마음대로 생명을 연장할 수 있는 노예가 아니다. 내 목숨은 내가 결정하며 내 운명 또한 내가 결정한다. 그런 선언이었습니다. 처음에 단식을 시작하니 간수가 일부러 옥에다 먹을 것을 넣어두며 희롱을 했습니다. 음식이 쌓여 있어도 거들떠보지 않았지요. 열흘이 넘어갔을 때 간수들이 술렁거리기 시작했습니다. 그때부터 나는 눕지도 않았고 꼼짝 않고 앉아 있었습니다. 보름이 지나자, 감옥 당국에 책임이 돌아올 것을 우려한 그들이 서둘러 나를 병보석으로 풀었지요. 나를 일본인이 경영하는 병원으로 데려가 진찰을 받게 했습니다. 나는 그 병원에서도 눕지 않은 채 말을 했습니다. 이제 나는 시간이 얼마 없으니 조선인 여관으로 옮겨 가만히 죽게 해다오. 그 후 나는 인근의 여관으로 옮겨졌지요. 내가 굳이 장소를 옮겨달라고 한 이유는, 후손에게 꼭 전해야 할 말이 있었기 때문이지요. 그 말을 하지 않고는 도저히 죽을 수 없을 것만 같았어요."

"그 유언은 아마도 이 땅의 역사상 가장 신념에 넘치고 애국적인 위대한 언어가 아니었나 생각합니다."

"행낭 속에 있던 249원 80전은 3·1운동 때 경성에서 만난 해석海石 손정도 목사와 함께 개간지를 일구는 사업을 통해 벌어들인 수익의 일부를 나눈 것입니다. 살아 있는 동안 이 돈으로 무기를 사서, 저격활동을 펼치리라고 마음먹고 있었습니다. 그런데 갑자기 죽게 되었으니 내 꿈은 이제 후대에 미뤄야 하는 상황이 되었던 것이지요. 안타까운 일이지만 하는 수 없었습니다. 49원 80전을 손자와 친정 오빠의 손자에게 똑같이 나눠주라고 한 것은, 이 혈육들이 나의 독립활동 때문에 교육의 기회를 제대로 누리지 못한 채 허덕이며 살아왔기 때문입니다. 아이들을 공부시켜, 할머니가 평생을 추구한 일의 가치를 이해하게 하는 것이 생의 구차함을 극복하는 것이라고 믿었습니다. 200원을 조선이 독립되는 날 그 독립정부에 축하금으로 내놓으라고 한 것은, 얼마 안 있어 독립이 올 거라고 생각했기 때문이 아닙니다. 그러기에는 너무나 상황이 암울했습니다. 조선독립이 오지 않으면 세대를 물려서라도 그 돈을 넘기고 넘겨 반드시 독립의 그날에 내놓으라고 당부를 한 것입니다. 왜 그러냐 하면, 그것이 내가 지닌 마지막 소원이었고, 희망의 원천이었기 때문입니다."

"어느 시인의 시보다도 울림 있는 그 말씀이 왜 겨레의 정신자산으로 귀하게 여겨지지 않고 파묻힌 채 누더기역사와 함께 넘겨져야 했는지 알 수 없습니다."

"돌이켜 보니, 역사는 기록하는 사람이 중요하더이다. 많은 지식인들이 스스로의 입장을 체계적이고 설득력 있게 기록하여 놓았기에, 시간을 건너 후세에서도 그를 기리고 아끼는 것입니다. 기록되어지지 않은 언행은 역사의 소외를 받기 쉽습니다. 이순신의 난중일기나, 유성룡의 징비록이나 정약용의 책처럼 스스로 남긴 기록도 생명력이 있지만, 제자나 주위 사람들이 그 사람을 살펴 기록해둔 평전이나 실기實記 또한 가치 있는 자료가 됩니다. 나의 경우, 투쟁의 일선에서 숨 가쁜 삶을 살았고 오직 가치의 실천과 실현만을 목표로 하였기에, 그것들이 기록으로 남지 않은 것입니다. 남편 국오가 돌아간 뒤, 나의 언행을 평생 읽어준 이는 오로지 공서밖에 없거니와, 그 또한 만주의 어떤 객사에서 정체 모를 자의 습격을 받아 불시에 돌아가니 스스로의 기록조차도 남길 수 없는 처지였지요. 이것은 나와 공서가 지닌 공동의 불행입니다. 큰 운명이 문득 이런 일을 바로잡고자 세 번에 걸쳐 그대와 나의 기외其外의 만남을 만들어주었으니, 이것은 또한 나와 공서의 공동 행운이기도 할 터이지요. 이 고마운 재회에서, 지난 생에서 기록으로 남기지 못했던 이야기들이 그나마 온기를 지니고 전달되었으면 좋겠습니다." 남자현은 웃으면서 두 손을 내밀어 내 손을 잡았다. 왼손에 손가락 세 개가 빠진 일곱 손가락이 따뜻한 체온과 함께 떨리며 내 손 속에 들어왔다. 그 험하고 거친 시대를 이토록 깨끗하고 아름답게 산 사람이 또 있었을까. 내 손에서 일곱 손가락이 빠져나가며 문이 닫혔다. 새벽 두시, 컴퓨터의 문서 속에는 아직도 한 글자도 기록되지 않은 채 '남자현 평전'의 첫 커서가 깜박거리고 있었다.

이봉창, 신채호와

같은 급의 훈장을 받다

1962년 3월 1일 서울운동장에서 윤보선 대통령은 남자현에게 독립유공자 건국공로훈장 복장(複章, 2등 훈장)을 수여한다. 복장은 모두 58명이 받았으며 홍범도, 김동삼, 이봉창, 나석주, 이동녕, 박은식, 노백린, 양기탁, 신채호, 지청천, 오세창 등이 포함되어 있었다. 여성 중에는 남자현이 유일했으며 최고의 훈장이었다. 3·1 만세 운동으로 우리에게 잘 알려진 유관순 열사보다 독립운동 공로를 더 높이 인정받은 것이기도 하다.

1934년, 남자현 사후 1년 뒤 교하의 김성삼의 집에서 1주기 추도회가 열렸다. 당시 동아일보(1934년 9월 5일자)는 다음과

영양군 남자현여사 생가 옆에 만들어진 추모각

같이 보도했다.

"도만到滿 십여 년에 쓰러져가는 조선민족사회를 위해 일
향 분투하던 고 남자현 여사는 작년 가을 하르빈(하얼빈)
감옥에서 나오자마자 옥중고초의 여독으로 마침내 세상
을 떠난바 지난 8월 22일은 동 여사의 1주기이므로 현재
교하에 거주하는 김성삼 씨 자택에서 1주년 추도회를 거
행하였다더라."

해방 이후인 1946년 8월 22일 남자현을 기리는 행사가 벌
어졌다. 독립촉성 애국부인회 주최의 추념회였다. 13년 전 17
일 단식으로 옥사한 남자현 여사를 추념한다는 취지를 내걸고
오후 2시부터 서울 인사동 승동예배당에서 벌어진 기념행사
였다. 남자현의 기억은 당시 여성들에게도 큰 울림을 주었던
것 같다. 전통적인 규범 속에서 자란 구여성이 나라를 구하기
위해 목숨을 초개같이 버린, 인상적인 궤적은 그러나 그 이후
너무도 까마득히 잊힌 감이 있다.

남자현의 묘소는 어떻게 되었을까. 1933년 10월 12일 오후
4시 하얼빈 외국인 공동묘지[54]에 자리 잡은 남자현 묘 앞에 비
석이 세워졌다. 1988년 여름 손자 김시련은 아버지 김성삼이

독립운동 동지들과 함께 남자현의 묘지 앞에서 찍은 기념사진 한 장을 들고 그곳을 찾아갔다. 묘지는 평지로 바뀌어져 있었다. 김시련은 그날 "할머니의 묘지는 찾을 수 없지만 할머니가 싸우다 세상을 뜬 하얼빈을 보고 가는 것만 해도 만족합니다." 라고 말했다. 묘소는 어디로 갔을까. 1958년 하얼빈시 도시건설 대약진 때 시내에 있던 묘지가 모두 20km 떨어진 황산묘지로 옮겨졌다고 한다. 이 사실이 밝혀진 것은 2005년이다. 다큐멘터리 사진작가인 강위원 교수는 중국 흑룡강성 일대를 조사했는데, 남자현 여사의 묘소가 사라진 것을 발견했다. 중국은 동대직가 외국인 묘지를 옮기고 문화공원을 조성하면서 연고가 불분명한 묘지는 모두 없애버린 것으로 알려졌다. 황산묘지에는 남자현의 묘소가 없었다. 1967년 국립묘지로 이장 작업을 할 때 그녀는 가묘로 묻힐 수밖에 없었다.

• • •

54 지금의 문화공원, 하얼빈시 남강구 동대직가(東大直街) 1호, 남강 러시아 공동묘지 서쪽 한인묘역.

부록
하나

친손자 **김시련**(88)

40년 교직생활 뒤 쓸쓸한 말년 (2010년 8월 2일)

"남자현 스토리, 교과서 실린다더니 쑥 들어갔어요."
훈장 연금으로 생활 … "할머니가 아직도 절 먹여 살리는 셈"

그토록 담대하게 독립운동가들을 이끌고, 그토록 망설임 없이 무장투쟁에 나섰던 투사 남자현이지만 친손자 김시련 앞에서는 더없이 따뜻한 할머니였다. 임종 때도 이 손자가 오기를 기다리며 죽음마저 미루고 있었다. 부랴부랴 달려온 11세 손자를 바라보고는 "이제 됐다"는 말을 나직이 뱉었다. 그러고 간직하던 행낭을 풀며 49원 80전을 손자 공부시키는 데 쓰라고 당부했다. 혈육에 대한 애착은 보편적인 모성 그 이상의 것이다. 젊은 시절 3대 독자였던 남편을 여의었을 때 그녀는 배가 부른 몸으로 상喪을 치렀다. 유복자인 4대 독자 김성삼은 그녀에겐 삶의 이유였고, 삶의 무게이기도 했다. 만주로 건너간 뒤 남자현은 경북 영양에서 천덕꾸러기로 지내고 있을 아들을 급히 불러 올렸다. 그에게 공부를 시키는 게 급했기 때문이다. 그런 김성삼이 낳은, 당시로서는 유일한 손자가 김시련이었다.

남자현의 후손에 대한 인터뷰는 거의 없었다. 따라서 후손들을 찾아내는 일이 쉽지 않았다. 4대까지 독자로 이어진 집안이었고, 손자는 만주에서 태어났기에 친척을 찾는 일이 묘연했다. 지금까지 나온 기사들과 영양군 문화원에서 발간한 〈영양의 독립운동사〉(2006)에 나온 기록들 그리고 인터넷에 올라와 있는 단편적인 자료로는 손자 김시련 씨와 그의 배다른 동생 김시복(국가보훈처 차관 경력) 씨가 있다는 사실 정도까지만 알 수 있었다. 상당히 오래된 기록이라 이들의 생존 여부조차 알 수 없었다. 그러다 우연히 순국선열유족회라는 단체가 있다는 것을 알게 됐고 김시련 씨가 이사로 되어 있는 것을 발견했다. 유족회는 서울 서대문구 현저동 독립공원 옆에 있다고 했다.(현재는 마포구 합정동 독립유공자복지회관 4층에 있다.) 인터넷에 적힌 전화로 통화를 해보니 없는 번호라고 했다. 지푸라기라도 잡는 마음으로 거기에 적힌 주소로 이메일을 보냈다. 현저동으로 사무실을 찾아갈 생각을 하고 있었다.

그런데 이틀 만에 답신이 왔고, 거기에는 손자 김시련 씨

김시련 선생이 거주하는 월곡동의 집

의 전화번호가 적혀 있
었다. 아침인지라 너무
이른 전화가 되지 않도
록 기다렸다가 번호를
눌렀다. 이렇게 인터뷰
가 성사되었다. 택시를
타고 미아삼거리 부근의
자택으로 가는 중에 굵
은 비가 창을 때렸다. 부
근에서 전화를 하니, 집
에 손님들이 갑자기 찾

아와서 인터뷰 장소를 호텔 커피숍으로 바꾸면 어떠냐고 물었
다. "댁에 있는 앨범도 보면서 편히 말씀 나누고 싶습니다. 손
님에게 방해가 된다면 한 귀퉁이에 조용히 앉아 있게 해주셔
도 괜찮은데요." 그렇게 고집을 부린 것은, 무엇보다 남자현
선생의 후손이 살아가는 현장 모습을 생생히 보고 싶었기 때
문이었다. 성당 옆 중국집을 돌아선 골목길에서 두 번째 집.
철제 대문이 있는 낡은 양옥집 앞에 '김시련'이란 문패를 보고
가슴이 뛰어 비를 맞고 있는 것도 잠깐 잊었다.

　아주 반듯해 보이는 인상의 노인. 김시련 씨는 말이 조금

느리고 귀가 약간 어두운 듯 했지만 비교적 정정했다. 소파에 앉자 훨씬 발랄해 보이는 부인 이영자 씨가 주스 세 잔(사진기자도 동석)을 내왔다. 우선 가장 궁금했던 것이 남자현 선생 후손의 근황인지라 그것부터 파악했다. 호구 조사처럼 딱딱한 질문이 됐다.

형제분은 어떻게 되십니까?

"남동생 둘과 여동생 하나가 있습니다. 김시복은 서울 서초동에 살고 있고, 김시윤은 일산에 거주합니다."

선생님(손자 김시련)**은 어떤 직업을 가지고 계셨습니까?**

"40년 동안 교직에 있었지요. 마지막으로 있었던 것이 안동 길원여고 교장이었는데 1978년부터 1989년까지 11년 있었습니다."

이곳(성북구 하월곡동)**엔 언제 오셨습니까?**

"1978년입니다. 제가 지어서 들어온 집입니다."

만주에서 태어나셨지요? 국내에는 언제…?

"예, 만주에 있는 교하에서 태어났고 하얼빈에서 고등학교를 거쳐 대학까지 졸업했지요. 광복되면서 서울로 왔습니다."

지금 연세가?

"우리 나이로 88세입니다. 1923년생이죠."

할머니(남자현) 임종이 1933년이었죠?

"예. 저는 보통학교에 다니고 있었죠. 나이는 11살이었고."

부모님에 대한 얘기를 좀 ….

"아버님(김성삼)은 1978년에 돌아가셨어요. 군인이셨는데 중령으로 예편하셨지요. 그리고 저의 생모는 김갑생이었고, 아주 일찍 돌아가셨어요. 새로 어머니(장덕신)께서 들어오셔서 아들 셋(첫째 아들은 월남전 후유증으로 돌아갔다)과 딸 하나를 낳았는데, 1988년 작고하셨지요."

  이번에는 자식들에 대해 질문했다. 김시련 씨에겐 아들이 셋 있었다. 맏아들 김종식(53) 씨는 옌볜과기대 교수이고, 둘째 김준식(52) 씨는 인천에서 학원강사를 하고 있으며, 셋째 김광식 씨는 삼성에 다니고 있었다. 이날 김시련 씨 댁을 찾아온 손님은 방학을 맞아 할아버지 댁을 찾은 손자 김일환·김정환 군이었다. 김종식 씨의 두 아들로 나란히 연세대에 다니고 있었다.

  호구 조사는 대강 그런 정도로 끝났는데, 흥미로운 얘기가 하나 나왔다. 할머니 남자현에게 언니가 한 분 계셨는데 그 자손이 현재 영양에 살고 있다는 것이었다. 언니는 대단한 부잣집인 조씨 집안으로 시집을 갔다. 남자현의 언니가 낳은 아들이 조범석 씨이다. 조범석 씨는 경북지방 대지주로 가끔 신문에 등장하는 인물이다. 조범석 씨의 아들 조운해 씨는 고려병원(현 강북삼성병원) 원장을 지낸 분으로 삼성가 이병철 회장의 만딸 이인희 씨와 결혼한 사람이다. 즉 남자현의 언니는 삼성 '왕회장' 만딸의 시할머니인 셈이다. 무장투쟁을 한 열혈독립운동가와 삼성가가 이렇게 엮이기도 한다.

할머니(남자현)에 대한 기억이 있는지요?

"사실 저는 할머니를 보는 일이 드물었습니다. 우리는 만주 교하에 살았고 할머니는 늘 밖에서 활동하셨습니다. 아주 가끔 오셨는데 잠깐 머무르다가는 가셨습니다. 할머니와 같이 살았던 기억은 없었죠. 이런 얘긴 들은 적이 있습니다. 할머니가 일본군에 쫓기던 시절, 급히 피신해야 하는 상황인데 장총을 버리지 못해 일곱 정을 어깨에 메고 뛰었다고 하더군요. 일부 과장된 얘기일 수 있겠지만, 할머니는 정말 활달하고 대담하셨던 것 같습니다."

할머니가 무섭다는 느낌은 없었습니까?

"대외적으로는 여성으로서 강인한 면모를 보이셨을 테지만 가족에겐 전혀 그렇지 않았습니다. 오히려 따뜻하고 부드러우셨지요."

임종 때는 어땠습니까?

"그때 아버지와 교하에 있었는데, 할머니가 위독하다는 소식을 들었어요. 아버지가 짐을 챙겨 나가실 때 저도 같이 가겠다고 졸랐어요. 하얼빈의 고려여관이란 곳에 갔어요. 할머니는 저를 보고 삼간 반가운 표정을 시으셨지요. 그날 이런 말씀을 하셨어요. '죽고 사는 것이 먹고 안 먹는 것에 있는 것이 아니다.' 저는 이 말씀이 무슨 뜻인지 지금도 곰곰이 생각합니다. 저녁 무렵에 할머니는 이런 말씀을 하셨지요. '곤히 잘 테니까 깨우지 마라.' 그런데 곁에 있던 아버지가 보니 숨소리가 이상했던가 봐요. 그래서 흔들어 깨웠더니 할머니는 '깨우지 말라는데 왜 깨우냐' 하면서 다시 눈을 감으셨지요. 또 걱정이 되어서 아버지가 깨웠더니 '허어, 깨우지 말랬지 않느냐' 하고는 눈을 감으셨어요. 그 뒤에 의사를 불렀는데 정신이 돌아오지 않았습니다. 정말 주무시는 듯 계시다가 이튿날 정오 무렵에 영면하셨지요. 마치 돌아가실 일을 아시는 듯했습니다."

유언할 때 손자(김시련) 말고 친정의 증손을 챙기셨는데, 그분은 누군가요?

"남씨 집안의 남재각 씨입니다. 저와는 동갑(88세)이지요. 친정에도 보살필 손이 없어 외롭게 홀로 있던 아이였지요. 실제로 그 유언대로 아버지는 영양에 있던 남재각을 데려와 초등학교 5학년까지 공부를 시켰습니다. 용정에 있던 남재각의 부친이 소식을 듣고 찾아와서 데리고 갔습니다. 그는 사범학교를 나와 국내에서 상주와 예천의 초등학교 교사를 했습니다."

만주에서의 생활은 어땠습니까?

"아버지는 처음에 여관을 경영하시다가 나중에 잡화점을 차렸어요. 만주에서는 이런 가게를 차린다면 살림이 여유롭다는 뜻이에요. 제가 하얼빈대학까지 나올 수 있었던 것도 그 덕분이지요."

할머니가 하신 일 중에 가장 자랑스럽다 할까 하는 일은 무엇인지요.

"1920년에 중국에서 독립투사들이 모여서 국치일 행사를 가질 때 혈서를 써서 '화합'을 촉구한 것, 1925년 사이토 총독 암살을 위해 권총을 품에 넣고 서울에 잠입한 일, 길림사건 때 도산 안창호를 구해낸 일, 1931년 김동삼 씨를 구명한 일, 1932년 무명지를 잘라 국제연맹에 보내는 혈서를 쓴 일, 그리고 1933년의 일제 전권대사 암살 시도와 단식 투쟁. 이것이 모두 대단한 일이었다고 생각합니다. 할머니는 열 손가락 모두 성한 게 하나도 없었다고 합니다."

순국선열유족회는 국가의 지원을 받습니까?

"글쎄요. 지원을 받는다는 소리는 못 들었습니다. 저는 잘 모릅니다."

교직 생활을 40년 하셨는데 연금을 받지 않는지요?

"나는 공무원 연금제를 잘 몰라서 그것을 일시급으로 탔지요. 그래서 연금이 없습니다. 공무원 시절에 자식들 공부는 다 시켜놨고 특별히 잘살려고 하는 생각도 해본 적이 없기에⋯. 별로 부족한 건 없습니다. 아내와 저, 이렇게 두 식구가 내 집에서 사는 데는 괜찮습니다. 사실 할머니에게서 나오는 연금이 아니라면 생활이 곤란했을 겁니다. 사실 나는 돈을 전혀 모르는 사람이라⋯. 가끔 아내와 이런 얘기를 합니다. 우리가 이렇게라도 사는 게 다 할머니 덕이다라고요."

할머니에 대해선 제사를 지냅니까?

"저는 교회에 다니는지라⋯. 대신 추도식을 했죠. 아버지가 생존에 계실 때는 기일이면 추도식을 했습니다. 내 대代에 와서는 지내지 않습니다. 사실 저는 학교만 돌아다니느라 부친이 추도식 할 때도 별로 참석하지 못했습니다."

할머니의 독립운동에 대해 새롭게 평가할 필요가 있지 않을까요?

"할머니 입장에서는 자손의 이런 생각이 혹여 괘씸할지도 모르겠지만, 할머니도 굳이 그런 것을 희망하지는 않을 것 같습니다. 할머니는 무엇을 과시하기 위해 일을 하는 사람은 아니었으니까요. 물론 당시에 독립운동은 남자들이 하는 것이지, 여자는 없었습니다. 할머니는 남자들의 굳은 생각을 깬 선구자였음에 틀림없습니다."

유관순보다 높은 훈장을 받은 점도 관심을 끄는데요.

"예. 그것은 사실입니다. 저는 할머니가 왜 유관순보다 훈격勳格이 높았을까 곰곰이 생각해본 적이 있습니다. 물론 할머니의 공이 컸다는 의미도 되지만. 해방 이후 훈장을 심사하는 정부 인사 중에 할머니를 잘 아는 투쟁동지들이 많지 않았을까 하는 생각도 해봅니다. 유관순은 몇 년간 독립운동을 했지만 할머니는 평생에 걸쳐 한 셈이니까 기간이 길었죠. 할머니 공적에 대해서는 지금도 제대로 알려져 있지 않은데, 그때인들 일반에 잘 알려졌겠습니까. 당시에도 그랬겠죠. 유관순은 잘 알려져 있었는데도 할머니의 훈격이 더 높았던 것은 만주에서 활약했던 독립운동가들이 심사관으로 참여하여 할머니를 높이 평가해준 덕분이 아닐까 해요."

일리 있는 말씀입니다만 너무 겸손하십니다. 열심히 공功을 외쳐야 돌아보는 세태에 이미 있는 공마저 그렇게 말씀하시니….

"우린 후손이지만 할머니의 행적을 돕는 일을 잘 못해온 게 사실입니다. 그저 남이 알아주면 고마워했지요. 사실 할머니의 사진 한 장도 변변하게 남아 있지 않고, 유품은 씻은 듯이 다 사라져 버린 것도 그런 게 중요하다는 생각을 못했기 때문입니다. 그런 것을 생각하면 참 애석합니다."

지금이라도 할머니가 하신 일을 되새겨야 하지 않을까요?

"예전에 시복(동생)이 보훈처에 있을 때 할머니 이야기가 교과서에 실린다는 얘기를 들은 적이 있었죠. 그 뒤에 말이 없었습니다만. 앞으로 새롭게 조명되면 나라를 위해서도 좋겠지요."

영양군이 생가를 복원해놓았는데 관리가 잘 안 되고 있더군요.

"생가를 새로 짓는다고 돈을 들이긴 했는데, 차라리 안 하는 게 나을 뻔했습니다. 군청에서도 관리를 포기하고 있고…. 우리가 관리인을 사서 보내는 일은 엄두도 못 내겠고. 후손으로서는 안타깝기만 합니다.

(영정 사진으로 쓰고 있는 사진을 가리키며) 이것은 언제 찍은 건가요?

"이 사진 옆에는 원래 아버지가 서 있었습니다. 영정 사진으로 쓰느라고 옆에 있던 사진을 잘라냈지요. 길림에 있는 어느 감옥으로 동지 면회를 갔을 때 아버지가 찍자고 권유해서 촬영했다고 합니다. 그런데 이 사진 때문에 얼굴이 알려져서 일제 경찰에 잡혔다는 얘기

가 있어요. 할머니의 운명을 좌
우한 사진이 되어버렸지요. 이
사진 원본은 6·25때 잃어버렸습
니다."

**긴 시간(2시간이 훌쩍 지났다) 동안
인터뷰에 응해주셔서 감사합니다.**
"이렇게 좋은 일을 위해 애써주
시니 고마울 따름입니다."

필자와 김시련 선생(남자현 여사의 손자)

　김시련 씨 부부는 대문까지 따라 나오시며 집까지 찾아온
손님인데 점심 대접을 하고 싶다고 말했다. 손사래를 치고 나
오며 몇 번 절을 했다. 소낙비가 거짓말같이 그쳐 있었다.

남자현 친정 손자 남재각(88)

15년 전 아내 잃고 10년 전 화재 만나 (2010년 8월 31일)

　　남자현은 임종 때 아들에게 친정의 종손을 챙기라고 특별
히 주문했다. 이 집안 또한 자손이 귀했다. 남자현의 친정아버
지 남정한은 1남 3녀를 두었는데 아들은 남극창남자현의 오빠이
다. 극창은 외아들 남훈오南熏五를 두었고, 그는 다시 외아들 남
재각을 낳는다. (남재각에게 남자현은 대고모.) 남재각의 삶도 파란
만장하다. 그는 첫돌에 어머니를 잃었고 아버지 훈오는 영양
군 수비면에서 대서방代書房을 하며 살았다. 훈오는 고모인 남
자현이 만주로 독립운동 하러 떠난 뒤 일제의 핍박과 감시를
집중적으로 받았는데, 이를 못 견뎌 결국 한밤중에 그곳을 떠
나고 말았다. 이때가 남재각이 3살 쯤 되던 해였다. 당시 영양

에선 날마다 밥술을 뜰 수 있을 만큼 여유 있는 집도 없었다. 홀로 남겨진 아이를 굶겨 죽이기 안쓰러워서 마을 사람들은 돌아가며, 있는 대로 먹였다. 젖동냥, 밥 걸식으로 자라는 그는 동네머슴처럼 이집 저집 돌아다니며 소몰이도 하고 꼴풀도 베고 농사도 지었다. 어느 날은 하도 배가 고파 일하다 말고 도망을 갔다가 도랑에서 생가재를 잡아먹고는 목에서 피가 쏟아진 일도 있었다. 그러다가 11세 되는 어느 날 만주에서 김성삼이 찾아왔다. 남자현의 유언에 따라 친정 종손인 그를 데리러 온 것이다. 이후 그는 만주에서 동갑나기 김시련과 함께 살았다. 김시련은 벌써 중고등학교를 다니고 있었는데, 남재각은 전혀 학교공부를 한 적이 없었다. 다만 글동냥을 하여 하늘 천 따 지 벽에다 그려가면서 공부해 천자문은 외고 있었다. 그는 초등학교 2학년에 입학을 했다. 만주의 공부는 속성速成이었다. 하루에 한 시간 남짓 배웠는데 나머지 시간엔 관동군 비행장에 난 풀을 베러 다녔다. 거기에서 자신을 버리고 도망간 아버지를 만났다. 그는 만주 간도성연길에 피신해 있었다. 당시 남훈오는 만주의 척식회사에서 간판 글씨나 장부 표지를 쓰는 일을 하고 있었다. 그는 상당히 글씨를 잘 썼는데, 척식회사 사장이 병풍 2개를 맞춰 글씨를 부탁하기도 했다. 이 병풍은 만주국 황제 푸이에게 선물하는 것이었다고 한다.

남재각 선생. 남자현 여사의 친정 종손으로 경북 상주의 한 아파트에서 아들 부부와 살고 있다.

남재각은 경북 상주의 낡고 좁은 아파트에서 아들 부부인 남광호(南光鎬, 62세)-조영옥(작가, 내서중학교 교사)과 함께 살고 있었다. 부인은 15년 전에 병으로 잃었다. 남재각은 처음에 인터뷰를 거부했다. 상주까지 내려가면 만나줄 것이라고 기대하고, 아파트 근처에 찾아가 다시 전화를 걸었으나 한동안 받지 않았다. 겨우 통화가 연결되었을 때 그는 "일단 찾아오셨으니, 차나 한 잔 하고 가시지요."라고 말했다. 독립운동가의 자손으로 다소 궁핍한 생활 모습을 보여주기 싫었던 듯하다. 그런 이런 말을 했다. "인터뷰를 하다 보면, 불평불만이 터져 나와서, 괜한 소리를 하게 될까봐 조심스럽습니다." 이 말의 뜻은 나중에야 알게 됐다. 우선 이곳에 살게 된 내력이 궁금했다.

만주에서 바로 상주로 왔나요?

"만주에서 결혼을 하고, 해방이 된 뒤 외가가 있는 상주로 왔다가 나중에 영주에 있는 학교의 교사로 전근을 가면서 그쪽으로 옮겼습니다. 영주서 15년쯤 살았습니다. 아들과 거기서 제과회사 도매점을 냈는데 8년 전 큰 화재를 당했습니다. 영주가 생기고는 가장 큰 사고였다고 합니다. 4층집이 잿더미가 되었는데 세입자들에게 변상을 하느라 가게도 망하고 큰 빚을 지게 되었지요. 이 사고로 큰 아들은 상주로 이사했습니다. 나는 경기도 분당에 있는 둘째아들(남승호, 은행 지점장)의 집에 몇 년 머무르다가 2년 전에 이곳 상주의 아파트로 왔지요. 맏아들(남광호)은 이곳 외서면 근처에서 감나무 과수원을 경영하고 있습니다."

자손은 어떻게 되십니까.

"아들 여섯에 딸이 하나 있지요. 모두 흩어져 살고 있는데, 교편도 잡고 사업도 하고 그렇습니다. 제가 조상한테 못한 게 많지만 4대 독자로 이어지던 집안을 북적이게 한 것은 자랑할 만합니다.

영양에는 남자현 선생 친정 집안의 사람이 있는지요.

"아무도 없지요."

남정한 선생의 묘소에는 성묘를 가시는지요.

"고조부 산소는 영양군 계동에 있는데 하도 산이 깊어서 올라가기 힘듭니다. 세 번 정도 올라갔는데 그나마 이젠 묘소 위치를 알고 있던 사람이 돌아가서서 찾는 일이 거의 불가능합니다. 고조부는 원래 안동에 계시다가 영양군 일직면 송리동솔막골으로 가셨고, 그 이후 지경리 산골로 들어가셨지요. 나중에 수비면 계동에 정착하셨습니다. 산소는 그래서 그 근처에 있습니다."

김영주(남자현의 부군) 선생이 남정한 선생의 제자가 된 것은 안동 살 때 인연이 있지 않았을까요.

"그럴 가능성이 큽니다. 고조부(남정한)는 안동시 일직면 귀미리에 사셨는데, 이곳이 의성김씨 집성촌이거든요. 김영주 선생은 아마 이곳에 사셨을 겁니다."

남정한 선생의 통정대부 교지를 직접 보셨다고 하던데요?

"예. 집안에 놓인 것을 보았는데, 1972년 화재 때 사라져 버린 것 같습니다. 그때 본 기억으로는 교지가 아니라 '칙지'로 되어 있었습니다. 대한제국 광무6년에 받은 것이라, 왕이 아닌 황제가 내린 칙지로 격이 높아져 있었던 것이지요."

아쉽게도 남자현 선생은 유물이나 유묵이 없어, 행적을 기리기 어렵습니다.

"저도 그렇게 생각합니다. 만주에서도 늘 쫓겨 다니던 사람인지라 살았던 자취를 다 지우고 다녔던 듯합니다. 그리고 우리들은 선생의 물건들이 그렇게 중요한 것인지도 몰랐습니다. 그저 살기에 바빠서 불필요한 것들은 생각없이 버렸지요. 예전에 진보현 호적단자도 있었는데 사라져 버렸습니다."

생가 관리가 제대로 되는 것 같지 않던데요.

"내가 건설사 간부로 있었을 때 영양군에서 공사를 한다기에 알고 보니 그것이 우리 집이었습니다. 그래서 상량식을 할 때 다녀왔습니다. 자손들이 다 객지에 살다 보니 찾아보기도 어렵습니다. 우리가 찬조도 좀 하고 생가 단장이나 조경에 돈을 조금 들였으면 지금처럼 되어 있지는 않을 텐데 그럴 여유가 안 되니 안타까울 뿐입니다."

남자현 여사는 어떤 점이 가장 훌륭하다고 할 수 있을까요.

"여러 가지 측면이 있겠지만, 저는 여자 나이 46세에 모든 것을 떨치고 일어나 새롭게 시작할 수 있었다는 것이 가장 놀랍습니다. 그런 폐쇄적인 사회 속에서 그런 결단을 내렸다는 게 경이로웠습니다."

남자현 관련 자료집을 만드셨는데…

"모을 수 있는 자료를 다 모았습니다. 모으는 데 2년 걸렸고 3년 전에 완성했습니다. 자손이 되어 독립운동가 조상에 대한 변변한 자료 모음집 하나 없는 것이 부끄러웠습니다. 맏아들 광호가 서울대 문리

과를 나와 한학에 관심이 많은지라 팔 걷고 나설 수 있었습니다."

국립묘지에 있는 남자현 묘에 관해 말씀을 좀…

"1967년 임시정부 요원 묘를 쓸 때 함께 조성했습니다. 제1묘역에는 임시정부 인사들이 묻혔고 제2묘역(독립유공자 묘역 41번)에 고모할머니 묘를 썼습니다. 맞은편에 박정희 묘가 보이는 그곳입니다. 묘를 이장할 때 시실 힐머니 유해는 모셔올 수 없었죠. 하얼빈에 있던 외인묘지가 모두 옮겨져서 평지가 되어 있었기 때문입니다. 옮겨진 곳을 수소문했으나 못 찾았습니다. 의병활동을 하다가 돌아가신 김영주 선생의 묘를 이장하여 부부 합장 형태로 묘를 조성하고 고모할머니 묘는 유해를 찾게 되면 쓰기로 하고 가묘를 조성했습니다."

김시련 선생과는 자주 만나는지요.

"거의 만나지 못합니다. 사실 그쪽 집안은 독립운동가 집안으로 인정받아 연금도 타고 안정된 생활을 하는 편인데, 우리는 자부심만 느낄 뿐이지 실질적인 혜택은 전혀 없으니 억울한 느낌이 들 때도 있습니다. 그쪽은 공부도 많이 시키고 해서 젊은 시절에도 우리보다 훨씬 유복하게 살았는데…." 남재각 선생은 이쯤에서 말끝을 흐렸다. 같은 후손이라도 양지와 음지가 느껴지는 대목이었다. 그는 이런 말들이 터져나올까봐 인터뷰를 망설였던 것 같았다.

장남 김성삼

나의 어머니, 남자현 (1946년 3월 3일 동아일보)

어머니는 삼십년간을 조선 독립운동에 바치어 오셨습니다. 본적 경북 안동 일직면 귀미동에서 당시 한국 의병대 소대장인 김영주씨와 결혼한 후 홍한興韓 독립운동에 종사하다 아버지가 일본 관헌에게 총살을 당한 후 1918년 2월 26일 기미독립운동이 서울서 있다는 소식을 접하고 서울에 와 연희전문학교 부근 회서당에서 동지와 협의한 후 시내 각 교회 신자를 규합하여 3월 1일 오후 1시 조선독립선언서를 자신이 들고 다니며 배포하고 삼엄한 경계망을 벗어나 9일 만주로 건너가셨습니다. 그 후 꾸준히 남북 만주에서 다만 독립운동을 계속하여 왔습니다. 그러던 중 당시 재등齋藤 총독을 암살하려 하였으나

남자현 아들 김성삼과 손자 김시련 부부

여의치 못하여 단념하고 있다가 당시 하르빈하얼빈에 도착한 국제련맹조사단에 조선 독립 부인운동을 보고하였습니다. 그리고 1932년의 일본인 무등전권武藤全權을 암살하려고 계획 중 하얼빈 형사경찰에게 체포되어 구금 중 단식 17일을 한 후 8월 2일 61세로 놈들에게 귀한 목숨을 빼앗겼던 것입니다.

조소앙[2] 지음

옛날을 생각해보면, 왜의 두목 도요토미 히데요시가 왜구

• • •

1 진광(震光)지 1934년 1월호. 원래 한문으로 되어 있는 글인데 남재각의 5남 남용호가 번역한 것을 실었다.

2 조소앙(1887~1958) : 독립운동가. 1887년 경기도 양주에서 태어나 일본 명치대 법대를 졸업한 뒤 1913년 중국 상해로 망명, 독립운동에 투신하였다. 그는 임시정부 수립을 최초로 구상한 「대동단결선언」을 1917년 발표하였다. 이 선언은 국민주권론에 입각하여 정부를 조직하자는 혁명적인 선언이었다. 1919년 2월에 각 지역의 독립운동자 39명의 명의로 대한독립선언서를 기초하였다. 또한 1919년 3·1운동 직후에 수립되는 대한민국임시정부의 헌법인 임시헌장과 국회법에 해당되는 임시의정원법을 기초함으로써 임시정부의 초석을 다졌다. 그는 해방 때까지 임시의정원 의장, 내무총장, 외무부장 등 요직을 두루 역임하였다. 조소앙이 주창한 '삼균주의'는 정치, 경제, 교육의 균등을 통해 개인의 균등생활을 실현하고 이를 토대로 민족, 국가의 균등생활을 이루며, 나아가 세계일가를 추구한다는 이론체

를 이끌고 우리나라를 침범했을 때 수많은 여걸들이 등장하여 나라의 역사를 빛냈다. 김섬과 애향이 의연히 순절하였고 계월향은 연광정에서, 논개는 촉석루에서 혹은 비분강개하며 적장을 죽이고 혹은 적장을 끌어안고 강물로 뛰어들어 모두 위대한 공적을 세우고 대의를 널리 밝혔다. 몸은 비록 여리고 약하지만 그 뜻은 금석을 뚫을 정도로 굳세었으며 용기를 짜내어 끝내 옥쇄하여 꽃잎처럼 흩어졌다. 청 태조가 강화도를 침범할 때까지 이렇게 여성으로 순절한 분이 모두 70여 분이 넘었으니 사관이 모두 이름을 기록으로 남겨 그 아름다움을 전하였다. 경술년에 나라가 망한 이후 김섬, 애향, 계월향, 논개와 같은 기개를 보지 못한 것이 못내 한스러웠다.

근래 한 여협이 하룻밤 신혼을 끝으로 남편을 잃고 만패필사(萬敗必死, 결코 이길 수 없는 절망적인 상황)의 때에 용기를 한껏 내서 만리 전쟁터를 떠돌며 몇백 번 몇천 번이나 꺾여도 그 뜻을 굽히지 아니하였다. 손가락을 끊고 칼을 품어 적의 죄수를 처단하고자 한 것이 십년에 이르렀으니 일편단심 그 충심이

계이다. 해방 이후 그는 단정수립에 반대하며 남북협상안 7개조를 발표하고 남북협상에 참가했다. 협상이 실패로 끝나자, 단정 참여를 결정하여 사회당을 결성(1948)했다. 1950년 5·30선거에 출마, 전국 최다득표로 국회의원에 당선되었으나 6.25전쟁 중인 1950년 9월에 납북됐다.

변하지 않으니 중원의 문단이 '혁명의 어머니'로 칭송하였다. 적들은 지면상에서 논평하기를 '전율을 느끼게 하는 할멈'이 라고 제목을 붙였다. 이 분이 근대의 여협 남자현 바로 그분이 다. 선생은 성이 남이고 휘를 자현이라 하여 경상북도 사람으 로 고향에 있을 때는 집안이 부유했다고 한다. 18세에 동향 사 람과 혼인하였는데 1년이 채 지나지 않아 적국의 세력이 창궐 하여 조국이 망하게 되었으니 소위 합방조약이 체결되었다. 이때 선생의 나이 겨우 19세였다. 비분강개하여 눈물을 흘리 며 남편에게 말하기를 '나라가 망했는데 가정만 온전할 수는 없습니다. 집이 불타고 있는데 불을 쬐면서 희희낙락하겠습 니까. 저는 이미 죽기를 각오하고 나라의 원수를 갚을 생각입 니다. 원컨대 죽어 지하에서 서로 보도록 합시다.' 하였다. 한 마디로 이별을 고하고 집을 나가서 뜻있는 인사들을 끌어 모 아 의병을 조직하였다. 당시에 한일 간에 어지럽게 전쟁이 벌 어져 피비가 땅을 적셨다. 의인과 열사들이 앞다투어 일어나 니 그 남편 역시 참전하여 적군과 수십 회에 걸쳐 교전하다가 마침내 적병의 총에 맞아 명을 달리하게 되었다. 선생이 크게 부르짖으며 말하기를 '나라의 적이 나의 원수이기도 하니 같 은 하늘을 이고 살지는 못하리라.' 맹세하였다. 드디어 스스로 의병대장을 맡아 적과 마주 싸워 여러 번의 승리를 거두었다.

당시의 적군들은 선생을 '한국의 여비장女飛將'이라 불렀다.

선생이 싸움터를 떠돌기를 5, 6년. 적의 기세는 더욱 강해졌다. 이에 압록강 이북으로 투신하여 백두산과 흑룡강 일대를 종횡무진으로 움직여 이 나라의 뜻 있는 망명객들을 결집시켜 한국독립군을 조직하였다. 기미년(1919년) 3월에 이르러 독립을 포고할 때 전국이 궐기하여 내외가 호응하였다. 건국하여 나라의 근본을 여니(상해 임시정부 건립) 세력이 모여 크게 떨쳤다. 선생이 이를 듣고 기뻐하며 말하기를 '때가 이르렀구나! 거사를 치를 수 있겠다'라고 믿음직한 부하 몇 명을 밀파하여 독립운동을 고무하였다. 각 고을에서 세력이 떨쳐 일어나 왜적과 혈전을 벌이기를 몇 년, 요녕성 통화현에서 여학교를 설립하고 교장으로 선출되어 여성 독립군이 될 인재를 양성하였으며 한국 임시정부와 함께 협조하여 독립운동의 최고기관으로 만들었다. 선생이 말하기를 '용과 같이 용맹한 군웅이 모였다 한들 머리가 없으면 어찌 적을 무너뜨리겠는가. 마땅히 각각 합심하여 힘을 모아 분열되지 않도록 해야 할 것이다.'라고 하니 좌우 사람들이 모두 그 뜻을 따랐다.

1928년 4월쯤에 암살단을 조직하여 단장이 되었으며 단원 4명을 거느리고 몸소 폭탄과 권총 등 무기를 지니고 경성으로 잠입하여 조선 총독 사이토를 암살하려 하였다. 그 해 4

월 6일 동지 4인이 모두 포로로 잡히고 무기도 빼앗기자 선생은 경성을 탈출하여 다시 중국으로 가서 간도 용정의 깊은 산속으로 숨었다. 바람으로 머리 빗질하고 빗물로 얼굴을 씻으며 맹수와 독사들 사이에서 먹고 자면서 신출귀몰 병사를 움직여 적병을 몰아쳐 간담을 서늘하게 하였다. 적군이 이를 깨뜨리고자 여러 번 대군을 파견하여 쳐들어왔으나 선생은 남녀 한인 6백여 명을 모아 독립군을 조직, 더욱 가열차게(가열하게) 항전을 벌였다. 후에 화전현에서 한국독립당의 요직을 맡아 더욱 실력을 닦았다. 독립당 대회 석상에서 연설을 하게 되었는데 격앙 비분한 나머지 소매에서 날카로운 칼을 꺼내 식지를 잘라 큰 글씨로 '서사구국(誓死救國, 죽기를 맹세하고 나라를 구하리라.)'이란 혈서를 쓰자 군중들이 흥분하여 자기도 모르게 일어나 모두 만세를 외쳤다. 1932년 국제연맹 대표 리턴 등이 하얼빈에 왔다. 선생은 좌우에 이르기를 '내가 직접 조사단을 만나 왜적들이 만주국을 가짜로 세운 그 흑막을 밝히겠다'하고 드디어 단신으로 하얼빈으로 가서 리턴을만나 한편으로 눈물을 흘리며 또 한편으로 호소하면서 한국과 중국이 당한 억울한 사정을 종횡무진 다 설명하며 왜구들의 교묘한 술수를 모두 파헤쳤다.[3] 말을 끝내고 양손의 식지를 잘라 결사 항일의 뜻을 나타냈다.

소위 가짜 만주국이 만들어진 후에는 선생의 복수 일념은 더욱 깊어졌다. 1932년 3월 1일, 홀로 폭탄 3개와 권총 1정을 휴대하고 만국의 수도 장춘에 잠입하여 일본군 장교 무토 노부요시 등을 암살하고자 하였으나 저들의 경계가 삼엄하여 폭탄을 던지지 못하고 또 다시 좌절하게 되었다. 후에 흑룡강성으로 가서 한중 연합군 총사령을 맡아 중국, 한국, 러시아의 국경지역을 돌아다니면서 왜군들을 크게 도륙하였다. 1933년 3월 1일, 또 다시 단신으로 폭탄을 지니고 만주국 수도 장춘으로 들어가기 위해 하얼빈을 통과하다가 적병의 수색에 체포되어 길림의 옥중에 갇히는 몸이 되었다.[4] 선생은 스스로 벗어나지 못함을 알고 유언을 남기고 사진을 찍어 초상을 남긴 다음 드디어 옥중에서 자살하니 이때 나이 44세였다.[5]

•••

3 조소앙은 남자현이 리턴조사단을 만난 것으로 표현하고 있다. 다른 기록들은 만나지 못했음을 전하고 있다.

4 부토 암살을 2년에 걸쳐서 시도했다고 하고 있으나, 이 또한 근거가 미약하다.

5 남자현이 옥중에서 단식투쟁을 벌여 숨진 것은 1933년으로 그녀의 나이 62세였다. 조소앙의 착오가 있었던 듯하다.

부록 둘

〈조선의 여성 의병장〉 윤희순
〈이등박문의 양딸이 된 흑치마〉 배정자

조선의 여성 의병장 윤희순

1907년 강원도 춘천에는 30명의 여성 의병대가 활동하고 있었다. 남면 가정리 여의내골에서 훈련을 받고 있던 의병 600여 명(일제의 고종 강제 퇴위에 항의해 일어난 정미의병) 속에는 아줌마들의 얼굴도 보였다. 이들은 병사의 식사를 준비해 날라주고 옷가지를 세탁하고 부상자나 환자를 치료하는 일을 맡았지만 군사 훈련에도 열심이었다. 창을 가지고 덤불 사이에 숨어 있다가 일본군이 지나가는 것을 가상해서 찌르기 연습을 했다. 여자 의병대 앞에는 47세의 눈빛 매서운 아줌마 하나가 훈련을 지휘하고 있었다. 이름은 윤희순(尹熙順·1860~1935). 춘천 의병대(의병장은 이소응)를 움직이는 실력자인 유홍석

(1841~1913)의 며느리였다. 우리나라에서는 아마도 유일한 여성 의병장일 이 여인. 시아버지와 함께 의병으로 뛰고 있는 그녀는 누구일까?

아무리 왜놈들이 강성한들
우리들도 뭉쳐지면 왜놈 잡기 쉬울세라
아무리 여자인들 나라사랑 모를소냐(모를쏘냐)
아무리 남녀가 유별한들 나라 없이 소용있나
우리도 의병하러 나가보세
의병대를 도와주세
금수에게 붙잡히면 왜놈 시정 받들쏘냐
우리 의병 도와주세
우리나라 성공하면 우리나라 만세로다
우리 안사람 만만세로다

이 노래는 윤희순이 지은 〈안사람 의병가〉다. 광복 후 강원대 음악학과 김현옥 교수가 채보採譜한 것으로 〈외당선생삼세록〉에 가사와 곡이 실려 있다고 한다. 윤희순은 8편의 의병가를 직접 작사해서 유포했고, 관군·조선인 밀고자·일본군을 향한 4편의 경고문을 지었다. 그 중 몇 가지를 들어보면 이렇다.

왜놈대장 보거라

만약에 너희 놈들이 우리 임금, 우리 안사람네를 괴롭히면

우리 조선 안사람도 의병을 할 것이다

우리 조선 안사람이 경고한다…

남의 나라 국모를 시해하고

네놈들이 살아갈 줄 아느냐

빨리 사과하고 돌아가라

우리나라 사람 화가 나면

황소나 호랑이 같아서

네놈들을 잡아서 처단하고 말 것이다

_조선 선비의 아내 윤희순

금수들아 받아보거라

금수보다 못한 인간들아

너희 부모 살을 베어 남을 주고도

너희 부모는 살 수 있나

왜놈의 앞잡이놈들, 참으로 불쌍하고 애달프다

_조선 안사람 윤희순

19세기의 조선 여인이라고는 믿어지지 않을 만큼 거침없는 말투가 쏟아져 나온다. 글의 마지막에는 꼭 자신의 이름 '윤희순'을 적어 넣었다. 두려움 없는 여인, 뚜렷한 자아관, 치열한 애국심. 뜨거운 그녀의 삶 속으로 들어가 보자.

윤희순은 조선말의 대학자였던 화서華西 이항로(1792~1868)의 문하에서 학문을 닦은 윤익상과 평해 황씨 사이에서 맏딸로 태어났다. 그녀의 집안은 1506년 중종반정의 정국공신이었던 윤희평을 자랑으로 삼는 가문이다. 희평은 뛰어난 무인武人으로 1510년 삼포왜란을 평정한 공으로 병조참의에 이르렀다. 아마도 희순은 조상의 이런 장수將帥 기질과 DNA를 물려받지 않았을까. 게다가 강직한 천재 이항로의 가르침이 그녀의 삶에 스며들어 있었으리라. 이항로는 1866년 병인양요 때 주전론主戰論을 펼쳤고 대원군에 맞섰던 지식인이다. 희순이 시집간 곳은 아버지 윤익상과 함께 공부하던 유홍석의 집안이었다. 유홍석의 종친宗親인 유중교는 화서학맥(이항로 학파)의 2대 종주였다. 13도 의군도총재였던 유인석은 유홍석의 재종형제로 역시 이항로를 추종하는 인물이었다. 희순 주위의 인물들은 모두 이항로의 위정척사론을 따르고 있었다. "화서학파의 사상적 기저가 춘추대의에 입각한 존화양이(尊華攘夷, 중국을 높이고 오랑캐를 물리침)입니다. 의리와 명분을 금과옥

조로 생각하는 의리파들이었죠. 일제 침략의 상황에서 그들은 사람으로 남느냐, 짐승으로 변하느냐를 절박하게 고민했던 분들입니다." 독립기념관 독립운동사연구소 연구원 박민영 박사의 말이다.

희순이 시집간 해는 그녀가 16세이던 1876년이다. 조선이 뒤숭숭하던 때였다. 권력투쟁에서 패배한 대원군이 하야한 뒤 일본은 부산에서 영흥만에 이르는 동해안과 강화도 부근 서해안의 해로 측량을 한다며 군함 운요호雲揚號를 파견해 시위를 벌였다. 초지진草芝鎭의 조선 수비병이 발포하자 일본은 이에 항의하며 개항을 요구했다. 강화도에서 굴욕적인 병자수호조약丙子修好條約이 맺어졌다. 최초의 불평등 조약이었다. 이 무렵의 일이다. 춘천시 남면 발산리, 산자락을 개간해 농사를 지으며 살던 고흥 유씨 집이 갑자기 떠들썩해졌다. 한양에서 새색시를 태운 꽃가마가 도착했기 때문이다. 그런데 잔칫집에 큰 사고가 있었다. 저녁이 되자 동네 아낙들이 새댁 구경을 한다고 관솔불을 켜서 들고 왔는데 초가 처마 끝에 불을 너무 높이 들어 화재가 난 것이다. 불길이 거센 가운데 시아버지 유홍석은 신방에 있던 신부 희순을 번쩍 들어 안고는 집 바깥에 있는 보리밭(나중에 고추밭으로 변했다)으로 옮겨놓았다. 그때 그녀는 족두리와 저고리를 벗어젖히고 불을 끄러 달려갔다고 한다. 물단지(물동이)를 들고 뛰는 새색시가 흡사 전사戰士와 같았다. 이 사건은 그녀의 삶을 암시하는 예고편이었을까.

그녀는 〈일성록日省錄〉에서 신혼 무렵을 이렇게 표현하고 있다. "남편은 성제 댁에 가 계시고 두견새처럼 살자니 항상 쓸쓸했다." 성제는 시댁 종친인 대학자 유중교를 말한다. 남편 유제원은 결혼 후에도 여전히 학문에 몰두하고 있었기에 집을 줄곧 비웠다. 어린 신부는 혼자 신방을 지켜야 했다. 첫날밤의 화재로 불냄새(타는 냄새/연기)가 아직도 나는 집에서 그녀는 늘 독수공방이었다. 거기다가 나라는 강제로 문門이 열려 풍전등화니 신부의 귀도 온통 일본과 외세에 대한 얘기로 시끄러웠을 것이다. 사랑할 겨를이 없으니 오랫동안 아이도 없었다. 외로운 가운데 무심한 세월이 흘렀다. 그녀가 첫 아이를 낳은 것은 결혼한 지 20년이 지난 뒤(1894)였다. 얼마 안 있어 을미의병이 봉기했다.

1895년 명성황후 시해 사건에 이어 친일내각은 황후를 폐위 조치했다. 전국의 유생들은 역적을 토벌해야 한다는 상소討逆疏를 냈고 국모의 원수를 갚기 위한 의병을 일으켰다. 시아버지 유홍석은 제천에서 의병을 일으켜 관군과 교전하다가 패배하고 춘천으로 돌아왔다. 그는 고향에서 의병을 규합하는 일을 하고 있었다. 그의 부대는 춘천부사로 부임하던 조인승을 붙잡아 죽이는 전과戰果를 올렸다. 조인승은 갑신정변 이후 김옥균의 처형을 청한 인물이며 일제의 조선개혁안에 동의한 부역자附逆者였는데, 당시 단발령에 따라 머리를 빡빡 깎고 춘천으로 들어오다가 의병들에게 걸려 죽임을 당했다.

시댁에는 자주 의병 활동가들이 들락거렸다. 시아버지는 집에 오래 머무는 날이 드물었다. 규방에 틀어박혀 있는 것이 갑갑하고 좀이 쑤셨던 며느리 윤희순은 어느 날 남장男裝을 하고는 시아버지를 따라 나섰다. "아버님, 저도 조선사람이니 의병이 되고자 합니다." 유교 윤리에 투철했던 유홍석은 펄쩍 뛰었다. "애야, 무슨 소리를 하는 것이냐! 규중 여인으로 어찌 나를 따르겠다는 것이냐. 전쟁터는 여자들이 갈 곳이 못 된다. 내가 지금 나가면 생사를 알 수 없으니 너는 남아서 조상을 잘 받들고 자손을 잘 길러서 애국하는 것이 옳지 않겠느냐." "나라가 없으면 어찌 애국이 있겠습니까?" "허어, 혈육을 팽개치고 어찌 미래가 있겠느냐?" 시아버지의 추상 같은 말에 희순은 마음속으로 끓어오르는 의기義氣를 접었다. 55세의 열혈남 시아버지가 동구 밖으로 사라지는 모습을 36세의 며느리는 오래 지켜보았다. 그녀는 뒷산에 단壇을 모시고 의병들의 승리와 안녕을 비는 수밖에 없었다.

희순의 집안은 절간처럼 고요했다. 시어머니는 결혼 전에 이미 돌아가셨고, 시아버지와 남편은 일 년에 열 달은 나가 있는지라 색시 혼자서 살림을 꾸려가는 상황이었다. 오래 함께한 하인 내외가 간간이 돌봐주기는 했으나 생계조차 어려웠다. 그녀는 숯을 구워 팔며 살림을 꾸려 나가고 있었다. 시아버지가 출타한 어느 날 마을에 의병들이 들이닥쳤다. 그들은 몹시 굶주린지라 마을 사람들에게 밥을 해달라고 청했다. 당시엔 의병을 돕는 일도 중죄重罪였기에 선뜻 나서는 사람이 없었다. 그때 희순이 뛰어나갔다. 쌀이 없어 제사를 받들기 위해 숨겨놓은 쌀 세 됫박을 털어서 밥을 지었다. 전장戰場의 시아버지를 봉양하는 마음으로 상을 차려 그들에게 올렸다. 의병들이 떠나고 난 뒤 희순은 방에 앉아 붓을 들었다. 그때 쓴 글이 일제와 그 앞잡이에 대한 경고문들이다. 거침없는 욕설과 비어를 사용해서 그들을 비판하고 있다. 정금철 교수(강원대 국문학)는 "주저하지도 않았고, 감추지도 않았으며 자신의 선택과 책임을 분명히 하고자 하는 강직한 성품이 느껴지는 글"이라고 평가했다. 그녀는 〈의병가〉 노래 가사를 지은 뒤 〈아리랑〉 곡에 얹어서 부르기 시작했다. 그녀의 행동을 보던 사람이 집안의 어른께 편지를 보냈다. "저녁이고 낮이고 밤낮 없이 소리(노래)를 하는데, 부르는 소리가 왜놈들이 들으면 죽을 소리만 하니 걱정이로소이다. 실성한 사람 같사옵고 … 요즘

은 윤희순이 누구냐고 묻는 사람이 있으니 조심하라 일러 주옵소서."(1896년, 황골댁 편지 중에서)

희순은 마을 여인들에게 안사람도 의병을 해야 한다고 주장했다. 노래를 지어 부르며 의병대를 조직하자고 말했다. 사람들은 고개를 저었다. "집안 남자들이 의병을 한다고 모두 나가 버리니 며느리가 드디어 미쳤어." 그렇게들 수군거렸다. 그러나 그녀는 동네 아이들에게 노래를 가르치기 시작했다. 〈안사람 의병가〉는 그렇게 하나 둘씩 따라 부르기 시작해서 인근 동네까지 모르는 사람이 없는 '유행가'가 되었다. 10년간의 노력 끝에 마을에서 여자 의병대가 조직되었다. 정미의병이 창의하던 무렵이었다. 노래의 힘을 깨달은 시아버지 유홍석도 춘천 의병들이 관군의 회유책에 넘어가는 상황이 되자, 〈고병정가사(告兵丁歌辭·병사들에게 고함)〉라는 노래를 지어 그들의 마음을 붙잡기도 했다. 한편 춘천의 여성들은 상당수가 '숨은 의병'이기도 했다. 수천 명이 모여 의병이 쓸 탄약을 만들었다고 한다. 놋쇠를 모으고, 부족한 유황을 대신해 소변을 달여 화약을 제조했다. 그들이 만든 무기로 이 지역 의병들은 상당한 전력을 갖추고 일제에 타격을 입혔다.

그러나 국력의 열세는 의분義憤만으로 만회할 수 없었다. 1910년 올 것이 왔다. 8월 29일 경술국치를 당한 뒤 의병 노장

老將 유홍석은 치욕과 절망감으로 벽장에 있던 칼을 꺼냈다. 그리고 아들들과 며느리를 불렀다. "내 이제껏 나라를 구하려고 몸부림을 쳤으나 국운이 기울어 뜻대로 되지 않았다. 하지만 이 땅의 의기가 살아 있음을 보여주고자 하니, 너희는 나의 이 마음을 거울삼아 강토를 되찾는 데 열정을 기울이거라. 나의 자결이 너희에게 슬픔이 되지 않고, 뜻을 바로 세우는 힘이 되기를 바란다." 한참 침묵이 흘렀다. 가만히 듣던 며느리 희순이 말한다. "아버님의 뜻은 참으로 귀하고 뭇사람이 경배할 것이옵니다. 하지만 살아서 싸워도 힘이 모자라는 판국이고, 죽음을 보여준다 하여도 적들이나 이 땅의 사람들에게 무슨 놀라움이 되겠습니까. 차라리 굳세게 살아내서 목숨을 걸고 독립을 쟁취하는 것이 더 마땅하지 않을까 합니다. 아버님, 칼을 거두시고 저희와 함께 뒷일을 도모하소서." 며느리의 말을 들은 뒤 그는 천천히 일어나서 마당으로 걸어갔다. 정미의병 때 다리를 심하게 다쳐 절뚝거리는 그는 마을 아래로 펼쳐진 길을 한참 내려다보며 눈물을 삼켰다. 며느리의 말이 구구절절 옳지 않은가. 이날 이후 유홍석과 유제원 부자는 만주로 떠났다. 희순은 나중에 합류하기로 했다.

1911년 발산리 시골집의 좁다란 마당에서 한 소년이 고통에 몸을 뒤틀고 있었다. 희순이 어렵사리 얻은 늦둥이 맏아들 유돈상이었다. 회초리로 17세 소년을 매질하고 있는 사람들은 일제 경찰이었다. 유홍석이 의병 활동을 주도한다는 정보를 입수하고 그의 집으로 들이닥친 것이다. 경찰들이 시아버지의 행방을 캐물어도 희순이 입을 꾹 다물고 있자 옆에 있던 소년을 낚아 채 마구 때리기 시작했다. 17세 소년의 입에서 비명이 터지고 찢어지는 옷에 피가 배어들었다. "이제 유홍석이 어디로 갔는지 말하라. 네 아이를 죽이겠다." 그러자 희순이 나직이 말했다. "죽일 테면 죽여라. 아이도 죽이고 나도 죽여라. 너 같으면 어떻게 하겠느냐! 네 아비를 팔아 네 자식의 목숨을 살리겠는가. 그게 짐승이지 어디 사람이겠느냐." 여인의 당찬 태도에 경찰들은 움찔하더니 쓰러진 소년을 내려놓고 물러갔다. 이후 희순은 짐을 싸서 중국 요령성으로 향했다.

그 해 춘천에서는 유씨 집안 하나가 사라져 버렸다. 의병장 유인석과 유홍석을 중심으로 친척, 처가 45가구가 집단이주를 한 것이다. 그들이 정착한 곳은 요령성 홍경현 평정산 고려구였다. 이곳은 '고려구'라는 이름이 붙은 만큼 주변에 조선인이 많았다. 주민들은 조선에서 하는 방식대로 황무지를 개간하고 강물을 끌어들여 벼농사를 지었다. 밀, 콩, 옥수수 농사를 주로 하던 한족은 조선인에게 새로운 농법을 배웠다. 윤희순은 조선에서 날아드는 편지를 읽을 줄 아는 동포가 드물다는 점을 안타까이 여겨 1912년 환인현에 노학당老學堂을 설립했다. 중국에서 1994년부터 윤희순을 연구하고 있는 김양 교수(만주항일투쟁사 연구)는 노학당을 세운 이유에 대해 이렇게 말하고 있다. "이곳(환인현 남괴마자 마을)은 유인석·유홍석 선생의 부대가 의병활동을 하던 곳으로, 이곳에 학교를 세워 항일 인재를 양성하겠다는 생각이었던 것 같습니다." 윤희순이 교장인 이 학교에는 독립투사들이 세운 동창학교 선생들이 와서 국어·산수·역사를 가르쳤다. 50여 명의 항일운동가를 배출했으나 3년 뒤 일제에 의해 폐교됐다. 현재 노학당 자리에는 옥수수 밭이 들어섰다. 노학당 시절 희순은 정신적 지주를 잃었다. 1913년 12월 시아버지 유홍석이 72세를 일기로 돌아간 것이다. 학교를 잃은 뒤 1915년 희순은 탄광촌인 무순시 포가둔으로 이사를 갔다. 여기에서 그녀는 중국인들에게 항일투쟁을 연대하자고 꾸준히 설득했다. 그녀의 제안으로 실제로 항일운동에 가담한 중국인이 상당수 있었다고 한다. 1915년은 희순에게 상실의 해였다. 남편 유제원과 재종 시숙이자 집안의 버팀목인 유인석 의병장이 잇따라 타계했기 때문이다. 이런 죽음 속에서 55세의 윤희순은 더욱 강해졌다.

1920년 만주에서 김좌진·홍범도 장군에게 대패한 일본군이 간도의 조선인을 무차별 살상하는 간도참변이 일어났다.

이때 희순은 위축된 독립운동을 되살리기 위해 그녀의 아들들과 함께 한·중 애국지사 180명을 찾아다니면서 규합 활동을 벌인 끝에 '조선독립단'을 결성했다. 조선독립단 단장은 윤희순, 유돈상, 음성국(유돈상의 장인)이었다. 조선독립단에는 이들의 가족, 친척이 모두 참여했다. 이른바 '윤희순 가족부대'(당시 주위 사람들은 이들을 이렇게 불렀다)로, 낮에는 농사를 짓고 밤에는 사격연습을 하며 게릴라 활동을 펼치는 투쟁 패밀리였다. 큰아들 유돈상, 둘째아들 유교상, 조카 유휘상, 며느리 원주 한씨가 주전 멤버였다. 교상은 어린 시절 문서를 전하려고 말을 타고 달리다 떨어져 다리를 절었지만 그에 아랑곳하지 않고 전투에 참가했다. 돈상의 아들은 굴렁쇠를 굴리고 다니면서 자기도 모르는 사이 독립운동 연락책 노릇을 했다고 한다. 또 돈상은 '조선독립단 학교'를 운영하기도 했다. 1932년 조선독립단에 중요한 기회가 찾아왔다. 양세봉이 이끄는 조선혁명군과 연합작전을 펼치기로 한 것이다. 9월 15일 무순을 지나는 일본군 철도 운수선을 습격하는 일이었다. 윤희순은 말이 먹을 풀과 군인 식사를 제공하는 일 그리고 부상자를 치료하는 일을 맡았다. 유돈상은 직접 전투에 참가했다. 이때 희순의 나이 72세였다. 무순 함락작전은 실패로 끝났고 이튿날 일제는 3000명이 넘는 조선인과 중국인을 대량 학살했다.

희순은 눈물을 머금으며 봉성현 석성으로 주소를 옮겼다.

이국만리 이내 신세 슬프도다 슬프도다
어느 때나 고향 가서 옛말하고 살아볼꼬
방울방울 눈물이라 맺히나니 한이로다

_윤희순 〈신세타령〉 중에서

석성에서 윤희순은 둘째손자(유돈상의 둘째아들)를 보았다.
기쁨도 잠시. 1934년 첩첩산중에 일본군이 들이닥쳤다. 그들
은 마을 앞에서 소리쳤다. "모두 나와라. 반드시 나와야 한다.
사흘을 기다리겠다. 안 나오면 집을 모두 태워 버리겠다." 그
러나 사흘이 지나기도 전에 마을에 불길이 솟아올랐다. 남자
들은 대부분 외출하고 여자들밖에 없는 마을이었다. 윤희순
은 〈일성록〉에서 이때의 상황을 이렇게 적고 있다.

불길 속에서 애 울음소리가 들려서
정신없이 포대기째 안고 나와보니
포대기도 아이도 모두 뜨겁더라

이 화재 속에서도 희순은 돈상의 갓난아이 연익과 둘째 아들 교상의 딸 영희를 구해냈다. 이 장면을 보노라면 희순이 시집오던 날의 화재가 떠오른다. 운명은 이렇게 복선을 깔고 사람을 시험하는 것일까. 이듬해 6월 13일 유돈상이 처갓집에 머물러 있다가 일본 경찰에게 체포됐다. 무순감옥에서 한 달간 고문에 시달리던 그는 7월 19일 숨을 거뒀다. 감옥 밖으로 내던져진 시신은 형체를 알아보기 어려울 정도로 칼에 찔린 자국 천지였다고 한다. 아들의 시신 앞에서 희순은 부르짖었다.

"차라리 내가 죽고 말면 오죽 좋겠습니까.
우리는 만리타국에서 누굴 의지하고 살며
연직이와 연익이 이 어린 것을 누구에게 맡기오리까."
며느리도 울부짖었다.
"어머니, 만날 나가서 독립운동 하려고 하시더니
이 꼴을 보려고 그러셨습니까.
좋은 세상은 더욱 멀어지고 갈수록 험렬하니
독립운동이 사람만 죽인 꼴이니 하늘이 원망스럽습니다."

절망에 몸부림치던 그녀는 남편을 따라 세상을 떴다. 아들 유돈상과 며느리의 죽음에 말을 잃은 희순은 곡기를 끊었다.

아들이 숨진 지 열하루째 되던 날 침묵 속에서 붓을 떨며 집필하던 〈일성록〉을 내놓았다. 그리고 그녀는 파란 많은 생애를 마감했다. 〈일성록〉에는 다음과 같은 구절이 적혀 있다. "매사는 시대를 따라 옳은 도리가 무엇인지 생각하며 살아가기 바란다." 윤희순의 나이 일흔다섯이었다.

윤희순의 생애를 돌아보면서, 월간중앙 9월호에서 다뤘던 '여자 안중근' 남자현과 자꾸 이미지가 겹쳐 보였다. 윤희순은 1860년생이고 남자현은 1872년생이다. 열두 살 차이가 나는 두 조선 여인은 나라가 무너지는 절망 속에서 강렬한 삶을 살다 갔다. 윤희순의 경우는, 여성의 연대를 꾀하고 투쟁 노래를 통해 독립 의지를 다지는 삶이었다. 그녀에게는 열혈 투혼을 가진 가족이 있었고, 가문 전체가 게릴라부대가 되어 싸웠다. 희순은 외세와 타협 없는 투쟁(이항로의 가르침)을 몸소 실천한 '춘천의 잔 다르크'였다. 한편 남자현은 철저히 개인 플레이로 싸웠다. 유학자의 가정에서 자라난 여인으로는 파격적일 만큼 자립적인 투쟁이었다. 싸움터에 홀로 나서서 나라와 남편을 빼앗아간 일제에 치명타를 먹이려 목숨을 걸고 덤볐다. 1896년 을미의병은 윤희순·남자현 두 사람의 운명을 갈라놓았다. 36세 윤희순은 남장을 하고 시아버지를 따라 의병투쟁에 참가하려 했으나 자식 부양 때문에 포기해야 했다. 이때 우연히 마을에 찾아든 의병들을 돌보면서 투쟁 의식이 제대로 싹 텄다. 24세 남자현은 마을 인근에서 벌어진 의병전쟁에서 남편을 잃었다. 뱃속에는 아이가 자라고 있었다. 항의도 복수도 할 수 없는 무기력감 속에서 일본에 대한 적의를 키웠다. 꾹꾹 눌러 참다가 1919년에야 독립투쟁가로 변신했다. 두 사람은 모두 '할머니'였지만 독립투쟁의 무대에서는 당당한 주역이었디. 남자현이 하얼빈 감옥에서 단식 투쟁 끝에 61세로 숨지고, 윤희순이 일본에 의해 잔혹하게 죽임을 당한 자식 앞에서 오열하며 절망 끝에 곡기를 끊고 75세로 돌아가는 광경을 번갈아 떠올리며 무엇이 저 여인들을 저토록 분기 어린 삶에 이르게 했는가를 곰곰이 생각해본다. 윤희순의 노래를 더 들으며 그 뜨거운 마음을 헤아려본다.

우리 조선 사람들은 너희들을 돌려보내 죽이지 않고
분을 풀어 보내리라
너희놈들(너희 놈들) 오랑캐야 너 죽을 줄 모르고서 왜 왔
느냐
너희들을 우리 대에 못 잡으면 후대에도 못 잡으랴
원수 같은 왜놈들아 너희놈들 잡아다가
살을 갈고 뼈를 갈아 조상님께 분을 푸세

의리 의병 물러스랴 만세만세 의병만세 만만세요

_윤희순의 〈병정가〉

나라없이 살 수 없네 나라 살려 살아보세
임금없이 살 수 없네 임금 살려 살아보세
조상없이 살 수 없네 조상 살려 살아보세
살 수 없다 한탄 말고 나라 찾아 살아보세
전진하여 왜놈 잡자 만세만세 왜놈 잡기 의병 만세

_윤희순의 〈의병군가〉

윤희순 여사 사후 연표

1977년 박정희 대통령 건국훈장증 추서.

1982년 윤희순 생가에 '해주 윤씨 의적비' 건립(강원대학교 이상주 총장).

1990년 노태우 대통령 건국훈장 애족장 추서.

1990년 여성단체 예림회, 춘천시립도서관 정원에 동상 건립.

1993년 김영삼 대통령 국가유공자증 추서.

1993년 천안 독립기념관에 윤희순 어록비 건립.

1994년 중국 해성시 묘관촌에 있던 유해 국내로 봉환, 춘천시 남면
        관천리 두물머리에 사설 애국자 묘역에 안장. 봉환 묘역
        앞에 '애국선열 사적비' 건립. 중국 옛 묘터에 기념비 건립.

이등박문의 양딸이 된 흑치마 배정자

먼저 구하 스님(金九河·1872~1965) 얘기를 좀 하자. 이분은 한때 조선 총독 데라우치에게 150환짜리(쌀 10가마 값) 은제 컵을 선물했다는 기록이 나와 친일인사로 분류됐다. 그런데 통도사 측에서 그가 일제강점기에 안창호를 비롯한 독립운동가에게 자금 1만3000환을 지원했다는 증거자료(1927년에 쓴 영수증)를 찾아내 공개했다. 2005년 2월의 일이다.

일제강점기 통도사에는 걸인 차림의 낯선 인물들이 찾아와 구하 스님 방 앞에서 행패를 부리곤 했다. 그때 스님은 주위의 시자승들도 눈치 채지 못할 만큼 빠르게 걸인에게 돈을 줘서 보냈다고 한다. 그에게 시봉을 들었던 현문 스님의 전언이다. 그들은 독립운동가였고 일제 형사들이 이런 낌새를 눈치 채고 통도사를 급습하기도 했다. 그때 구하 스님은 사제인 경봉(鏡峰, 1882~1982)과 함께 사하촌의 기생집에 머무르며 며칠간 나오지 않았다고 한다. 화류계에 돈을 뿌린 것처럼 꾸며 자금의 행방을 감추기 위해서였다.

구하는 어떤 사람인가. 한국전쟁 이후 15년간 통도사 주지로 활동한 불교계의 거목이다. 그는 취운암에서 수행하며 수많은 제자를 길러냈고, 명필로도 이름을 떨쳤다.

말년의 구하 스님이 문득 어린 시절 얘기를 털어놓았다. "나는 태어날 때 아버지가 없었어. 찢어질 듯 가난한 집안이라 입에 풀칠도 어려웠지. 내가 두 살 때(1874년) 어머니가 나를 통도사 산문 앞에 버리고 갔지. 잘 울지도 못하는 업둥이를 스님들이 데려와 키웠지. 내가 동승일 때 기생 하나가 머리를 깎고 통도사로 들어왔어. 계향桂香이란 이름으로 불렸다고 하더군. 나보다 두 살 많은 열두 살이었지."

1882년 통도사. 열 살짜리 동승 앞에 나타난 열두 살 소녀는 눈부시게 예뻤다. 고집이 세고 체격이 야무졌으며 행동은 거칠었다. 한 스님이 그녀에게 우담藕潭이란 법명을 지어줬다. 개울가를 거닐며 소년은 소녀에게 물었다.

"우담, 너는 어쩌다 기생이 되었니?"

소녀는 돌아보며 눈에 쌍심지를 켜더니 쏘아붙였다.

"나보고 우담이라고 부르지 마!"

"그럼 뭐라고 불러?"

"내 진짜 이름은 분남粉男이야. 분남이라 불러."

"응, 분남아. 너는 왜 ….."

"기생이 되었냐고?"

말을 자르며 그녀는 계곡 옆에 있는 돌멩이 하나를 주워 힘차게 던졌다. 큰 소나무 줄기를 맞힌 돌은 계곡에 떨어졌다.

"우리 아버지(배지홍·裵祉洪)는 김해에서 밀양부 아전이었어. 홍선대원군과 연관돼 지역의 실세였던 사람이지. 그런데 내가 세 살 때(1873) 대원군이 실각하면서 우리 집안은 박살이 났어. 민씨 일가가 집권한 뒤 아버지는 대원군의 졸개 짓을 했다는 혐의로 체포되어 대구 감영에서 처형당했지. 어머니는 이 일로 큰 충격을 받아 눈이 멀어버렸어. 아버지가 '죄인'으로 죽었는지라 어머니는 어디 일할 데도 없었어. 어머니와 삼남매는(오빠 배국태와 남동생 포함) 거지가 되어 떠돌아다녔지. 밀양부에서 어머니에게 딸을 관기官妓로 맡기면 평안하게 살 수 있다는 얘기를 해줬던가 봐. 그래서 열 살인 나는 기생이 되었어. 내 얼굴이 반반하고 몸이 조숙하다고 여러 사내가 덤벼들었지. 나는 진절머리가 났어. 그래서 도망쳐버린 거야.

기생 시절에 알던 스님 하나가 줄을 놔준 거지. 난 기생이 싫고 세상이 싫어서 산으로 온 거지, 중이 되려고 온 게 아냐."

"그럼 어머니는 어떻게 됐어?"

"몰라. 나를 팔아 치운 사람인데 내가 왜 신경을 써?"

"하긴…."

민씨 세력에 아버지 잃고 어머니 눈 멀어

구하는 업둥이로 들어와 이곳에 살고 있는 자신만큼이나 버림받은 존재인 분남이 왠지 남 같지 않았다. 동병상련의 마음과 함께 순정純情 또한 싹 텄을까. 하지만 그 애는 괄괄하고 제멋대로였다. 9월 어느 날 분남이 그를 불러냈다. 개울 건너에 있는 으슥한 곳으로 데려갔다. 소녀는 들고 온 보퉁이를 풀고는 훔쳐온 밥과 호박잎에 싼 된장을 꺼냈다.

"배고프지? 먹어, 이 업쭝아."

"업쭝이는 뭐야?"

구하가 묻자 소녀는 깔깔거리며 대답했다.

"업둥이로 들어온 중이니까 업쭝이지 뭐야."

"나 싫어. 업쭝이란 말."

구하가 단호하게 말하자 분남은 "싫거나 좋거나 그게 너인데 어쩌겠냐? 업쭝이 보고 업쭝이라 그러는데 뭐 잘못됐냐?"라고 되받았다. 구하는 "너 자꾸 그러면 이런 짓 한 것, 스님께 다 이르고 말 거야"라며 씩씩거렸다. "그리고, 나 이 밥 안 먹어." 분남은 그제야 소년을 달랬다.

"미안해, 미안해. 니가 귀여워서 그렇게 부른 건데 싫다면 안 할 게. 밥이나 먹자."

구하는 마음이 풀어져서 밥을 뜨는데 분남이 빤히 바라보고 있었다.

소년이 불쑥 질문을 했다. "너, 기생 하면서 남자들 하고 자기도 했니?"

그러자 소녀가 깔깔 웃었다.

"그럼. 열 번도 더 잤지. 넌 아직 그런 거 모르지? 내가 가르쳐줄까?"

분남이 갑자기 바싹 다가오자 구하는 깜짝 놀라 뒤로 벌렁 나자빠졌다. 몸이 기울어지면서 얕은 계곡물에 빠졌다.

입에 밥을 가득 문 채로 소년은 허우적거렸다. 분남은 다시 깔깔댔다. 소년이 일어나 젖은 저고리를 벗어 물기를 짜고 있을 때 그녀가 말했다. "사실 기생할 때 나를 무척 좋아한 사람이 있었어. 나도 좋아했고 …."

그녀가 털어놓은 그 남자는 대구 중군中軍 전도후의 아들이었던 전재식이었다. 분남이 기생 생활을 그만하기로 한 것도 그 남자 때문이었다. 전재식이 갑자기 일본으로 유학을 떠나는 바람에 막 피어오르던 사랑도 도중하차할 수밖에 없었다.

분남과 구하의 인연도 그리 길지 않았다. 2년이 지났을 때 그녀가 '도망친 관기'라는 사실이 들통 나면서 경찰이 들이닥쳤다. 분남은 체포되어 다시 밀양부로 가야 하는 처지가 되었는데, 이전에 아버지 배지홍과 교분이 있던 동래부사 정병하가 그녀를 빼냈다. 1884년의 일이다.

이 여인의 삶에서 정병하의 역할이 중요했다. 그는 그녀의 아버지와 정치적으로 뜻을 같이했던 사람인 듯하다. 일부 기록에서는 그가 배분남을 구해줄 무렵의 관직이 '밀양부사'였다고 하나 사실이 아니다. 정병하가 밀양부사로 부임한 것은 1888년 5월이다. 그는 밀양에 온 뒤 영남루를 대대적으로 중수했다.(1890년, 이때 정병하가 쓴 〈남루기南樓記〉가 오횡묵의 〈경상도함안군총쇄록〉에 실려 있다.) 하지만 정병하가 영남루를 리모델링한 기록은 역사에서 사라졌다. 왜 그의 공적은 지워졌을까?

하강진(동서대 영상매스컴학부) 교수는 "중앙정계로 진출한 정병하의 역적 행위가 가장 큰 이유로 추정된다"고 말하고 있다.

정병하는 1894년 7월 밀양부사에서 물러나 서울에 올라간 뒤 이듬해 명성왕후의 폐비 조칙을 제정하는 데 적극적으로 가담했다. 또 일본군의 궁궐 침입을 거짓 보고해 명성왕후가 시해되는 을미사변을 야기하는 데 중요한 역할을 했다. 그는 고종의 아관파천 뒤 김홍집과 함께 역적으로 몰려 주살誅殺되었고 그의 주검이 길거리에 전시되었다. 배분남의 '흑기사' 정병하는 명성황후와 흥선대원군 간의 망국적 알력 속에서 대원군 계열에 줄을 섰기에 배분남의 아버지와 의기투합했을 것이다. 정병하가 구해준 배분남은 정병하가 했던 행위보다 훨씬 더 큰 대역大逆의 길로 들어선다.

그녀에겐 조국도 희망도 없었다

"분남아, 인사 드려라."

동래부에서 기거하던 그녀에게 부사 정병하는 일본인 무역상 마츠오松尾를 소개했다.

"너는 아무래도 조선에서는 일할 수도 없고 어디를 다녀도 불안하기만 할 것이다. 차라리 일본으로 가서 생활을 도모해보는 것이 나을 것 같다."

1885년 15세 분남은 일본으로 가는 배에 올랐다. 이제 막

피어오르는 소녀였지만 태어나면서부터 밑바닥 삶을 전전한 그녀는 어디라도 무서울 게 없었다.

일본에서 그녀는 안경수(1853~1900)를 만났다. 나중에 독립협회의 초대 회장이 되는 이 사람은 일찍 개화開化에 눈을 떠서 일본을 들락거리며 신문명에 대한 감각을 익혔다. 1887년에 통리교섭통상사무아문統理交涉通商事務衙門의 주사로 발탁된 뒤 최초의 주일공사 민영준閔泳駿의 통역관이 되었는데, 배분남을 알게 된 것은 그 직전이었다. 당시 일본에는 1884년 12월 4일에 갑신정변을 일으켰다가 청나라 군대의 궁궐 침입으로 집권 사흘 만에 물러난 개화당의 실력자 김옥균(1851~1894)이 망명해 있었다.

배분남과 김옥균의 공통점은 무엇일까? 둘 다 명성황후의 적대세력에 속한 사람이었다. 배분남은 아버지가 명성황후 집권 이후에 처형당한 사실과 그를 일본으로 보낸 사람 또한 아버지와 뜻을 같이하는 사람이었다는 점을 얘기했을 가능성이 높다. 매력적인 용모를 지녔지만 어린 시절부터 지독한 불행을 겪고 도일한 여인을 보면서 김옥균은 그를 도와주고 싶은 마음이 들었다. 그는 메이지 정권의 최고 실력자로 부상한 이토 히로부미(1841~1909)에게 '명성황후를 증오하는 매력적인 조선 여인'을 소개했다. 그때 44세인 그는 초대 내각총리대신이었다.

　삶은 가끔 이렇게 마치 전광석화처럼 운명을 바꾼다. 안경수-김옥균-이토로 이어지는 이 연결은 '도망자 소녀' 배분남을 천하의 권력 중심으로 옮겨놓았다. 분남을 처음 만난 이토는 딱 꼬집어 표현하기 어려운 매력을 지닌 조선 여인에게 마음이 끌렸다. 당차면서도 부드럽고, 투명한 표정을 지니고 있으면서도 센스가 있는 그녀는 무엇보다도 스스로가 조선인이라는 '의식'이 별로 없었다. 이쯤에서 대개 배분남에 관한 스토리들은 '야동'으로 치닫는다. 44세의 이토 히로부미가 15세의 배분남에게 깊이 빠지게 되는 무엇이 '뼈와 살이 타는 밤'에 있지 않았을까 하는 짐작들이 슬금슬금 돋기 시작하는 대목이기 때문이다. 허리 아래 이야기는 생생하게 진행되던 역사적 리얼플레이마저도 아슴아슴하게 만들어버리는 것이어서, 배분남은 어린 나이임에도 한번 붙으면 떨어지지 않는 '옹녀'가 되어가고, 이토 또한 메이지 헌법의 기초를 닦은 지적인 면모 대신 물불을 안 가리는 '강쇠'로 변모하기 십상이다.

　여하튼 이토는 그녀에게 다야마 사다코田山貞子라는 일본 이름을 지어주고, 그의 집인 창랑각滄浪閣에서 일을 하며 기거하도록 했다. 배분남이 배정자라는 천추에 잊지 못할 그 이름으로 거듭나는 순간이다. 이토의 아내 우메코梅子는 사다코를 양녀로 들일 것을 제안했다. 그때 이토에게는 어떤 생각이 떠올랐다.

그는 사다코를 딸로 삼고 일본 경찰특수학교에 입학시켜 사격과 수영, 사교댄스, 승마, 변장술을 익히게 했다. 이토는 그녀를 단순히 기생첩으로 여긴 것이 아니었다. 그녀를 조선 병탄에 크게 활용할 계획을 세운 것이다. 배정자, 그녀는 어린 시절 관기로 들어가 '명기名技'를 배웠고, 일본으로 건너가 다시 '병기兵技'를 터득함으로써 국망의 시절에 생채기를 더욱 키우는 요화妖花의 역할을 맡게 됐다.

'요화 배정자'는 두 차례나 영화화되었다. 1966년 이규웅 감독이 만든 첫 영화는 김진규·김지미·허장강이 출연했다. 1973년 정인엽 감독의 영화는 신성일과 윤정희·남궁원이 열연했다. 두 영화는 모두 배정자가 진실로 이토를 사랑한 것이 아니며 조선인 의병대장(박진병)이나 독립투사(홍류)를 은밀히 사모하고 있었다는 스토리를 끼워 넣었다. 배정자를 철저한 매국녀로 일관해 표현하는 것은 아무리 영화 스토리라도 부담스러웠던 모양이다.

배정자는 이토의 양녀가 되면서 창랑각이 아닌 집에서 독립적으로 기거하며 학교에 다녔다. 1888년 그녀는 밀양부 관기로 있을 때 만났던 첫사랑 전재식을 6년 만에 다시 만났다.

일본 유학을 온 것이다.

"계향아, 네가 정말 계향이냐?"

전재식도 배정자가 일본에 있을 줄은 꿈에도 생각하지 못했다. "그래요. 그때 그 계향이에요. 지금 여기에선 사다코라고 불러요. 그러니까 정자."

"아, 정자씨. 내내 당신 생각을 했었는데 … 이렇게 다시 만나다니, 우리 인연도 보통은 넘나 보오."

두 사람은 격렬하게 포옹했다. 18세 여인이 된 배정자는 이 남자와 금방 뜨거워졌다. 둘은 동거에 들어갔다. 전재식은 게이오의숙慶應義塾에 다녔고 배정자는 경찰학교에 다니면서 달콤한 시절을 보냈다. 둘 사이에 아들이 생겼다. 전유화全有華라는 이름의 이 인물은 조선인 서양의西洋醫의 선구자로 기록돼 있다. 조선총독부 의원의학강습소 제1회 졸업생 27명 중 한 사람인 그는 의학강습소를 졸업한 뒤 1912년 도쿄지케이카이東京慈惠會 의학전문학교를 다시 졸업했다. 유학을 마치고 귀국한 전유화는 1914년 1월부터 이듬해 6월까지 함경북도 경성자혜의원鏡城慈惠醫院에서 조수로 근무한 뒤, 인접한 성진城津에서 개업했다. 그는 '매국녀의 아들'이라는 고통스런 낙인에 평생 시달리지 않을 수 없었을 것이다. 사실 그야 태어난 것 외에 무슨 죄가 있겠는가.

전재식은 배정자와 만난 뒤 5년이 채 못 되어 시름시름 앓다가 숨을 거뒀다.

1894년 배정자는 일본의 김옥균이 국내의 어윤중·김홍집에게 보내는 편지를 품에 넣고 부산항을 향해 출발했다. 그런데 그녀는 부산에서 서울로 올라오다가 체포되고 만다. 김옥균의 경우 당시 정부에서 역적으로 규정한 인물이기에(그 해에 중국에서 피격된 그의 주검은 조선으로 돌아온 뒤 강화도 양화진에서 부관참시를 당했으며 머리는 길거리에 내걸렸다.) 배정자는 혹독한 심문에 시달렸다. 그녀는 이토의 양녀라는 신분을 내세우며 겨우 풀려나 다시 일본으로 돌아갔다.

그녀가 돌아간 이듬해인 1895년 궁궐에 침입해 명성황후를 시해한 훈련대(친일군인부대) 참령인 우범선(우장춘 박사의 아버지)은 일을 저지른 뒤 일본으로 도망갔다. 을미사변이 일어났을 때 배정자의 심경은 어땠을까?

아버지의 원수이자 인생 파멸의 단초였던 정치세력이 하루아침에 참혹하게 절단 난 이 사건 앞에서 그녀는 무슨 생각을 했을까? 그런데 그녀에게 아이러니한 일이 일어났다. 국모 시해범 우범선을 죽인 사람과 동지가 된 것이다.

만민공동회 사건과 폭발약 음모사건으로 1899년 7월 일본으로 망명한 전前 만민공동회 회장 고영근(高永根·1853~1923)은 명성황후를 살해한 우범선이 일본에 망명해 있다는 것을 듣고 그를 죽일 결심을 했다. '국모보수(國母報讐·국모의 원수를 갚음)'를 외치는 조선 내 여론에 부응함으로써 자신이 처한 상황을 반전시키기로 마음먹은 것이다.

그는 우범선이 거주하는 구례시에 집 한 채를 빌렸다. 1903년 11월 24일 집들이를 한다며 우범선을 초청했다. 고영근은 미리 준비한 단도로 우범선의 목과 어깨를 찔렀으며, 고영근의 종자 노원명이 철퇴로 머리를 몇 차례 내리쳤다. 국내에서는 고영근의 행동은 충의에서 나온 것이라는 여론이 비등했고 고종은 그의 죄를 면해줬다. 배정자는 이 무렵 고영근을 알게 됐다. 국모의 원수를 갚은 '충의'의 상징인 된 이 남자는 배정자를 위하여 신임장을 써줬다. 그녀는 서울에 부임하던 하야시林權助 공사의 통역관으로 조선에 들어왔다. 배정자가 이토에게서 받은 임무는 러시아 세력을 황실에서 몰아내는 일이었다.

고종의 실언 포착해 일본에 정보 보고

경성에 온 배정자는 순헌황귀비(엄비, ?~1911)의 조카사위인 김영진과 이용복을 만났다. 엄비는 을미사변으로 명성황후가 비명에 간 뒤 고종의 총애를 입은 궁인 출신으로 1897년 고종의 셋째아들 이은李垠을 낳았다. 1900년 8월에 귀인貴人에서 순빈淳嬪으로 봉해졌고, 1901년 고종의 계비로 책립되어 엄비라 불리게 되었으며, 1903년 10월에 황귀비로 높아졌다.(그녀는 숙명여학교를 만든 사람이기도 하다.) 바로 이 무렵에 배정자는 엄비의 줄을 잡고 궁궐로 들어간 것이다.

그녀는 엄비의 추천으로 고종을 만나는 기회를 얻었다. 그녀 나이 33세. 눈부신 미모, 세련된 의상과 매너 그리고 빼어난 일본어 실력에 51세 고종황제는 그녀를 총애하기 시작했다. 당시 친러파들은 조선 내에서 러일전쟁이 일어나면 러시아가 승리할 것이라고 전망하고 있었다. 그들은 전쟁을 구실 삼아 고종을 외유의 명목으로 블라디보스토크로 옮기는 계획을 꾸미고 있었다. 황제 곁에 앉아 말과 자전거를 타는 법에 관해 배정자가 열심히 설명하고 있을 때 문득 고종이 이렇게 말했다.

"그대는 참 사랑스럽고 들을 것이 많은 여인이다. 내가 블라디보스토크에 가게 되면 그대를 꼭 데리고 가리다."

"그게 무슨 말씀이옵니까. 폐하께서 그 먼 곳에 어찌 가신단 말씀인지요."

"러시아에서 전시에 나의 안위를 걱정하여 그곳에 외유처를 준비하고 있느니라."

"폐하께서 저를 그렇게 아껴주시는 말씀을 하시니 몸 둘 바를 모르겠습니다. 저는 천리만리라도 폐하 곁에 있다면 다른 걱정이 없겠습니다."

이렇게 말한 뒤 궁궐을 나온 배정자는 급히 일본으로 전갈을 보냈다. 최고급 정보를 빼낸 셈이었다. 일본은 조선 황실에 긴급히 항의했고, 이 계획은 좌절되었다.

1904년 배정자는 일본공사관의 조선어 교사인 현영운(玄瑛運, 1868~?)과 결혼한다. 이 남자와 결혼하면서 배정자는 첫사랑 전재식을 떠올렸을까? 현영운 또한 전재식처럼 게이오의숙을 졸업한 사람이었다. 현 씨가 전재식의 5년쯤 선배였다. 현영운은 육군참령, 육군총장을 거쳐 궁내부 대신서리까지 올랐다. 이런 초고속 승진에는 배정자를 총애한 고종의 배려와 엄비와의 친분이 작용했을 것이라는 짐작들이 있다. 동대문 밖에 큰 별장을 가지고 있었고, 또 221만 4876㎡(67만여 평)의 금광을 소유하고 있던 어마어마한 재산가였다. 배정자는 이 남자와 오래 가지는 못했다. 1년 만에 이혼했다. 이후 박영철(일본 육사 15기, 함북도지사, 중추원참)과 결혼했으나 5년 만에 다시 헤어졌다.

현영운과 헤어진 데에는 그녀의 직업 탓도 있었을까? 34세 신부 배정자는 러일전쟁의 틈바구니에서 일본의 스파이 활동을 위해 만주로 가라는 명령을 받았다. 일본인 장교들은 빼어난 미색과 탁월한 속임수로 무장한 '조선의 마타하리'를 칭찬했겠지만 군부에서 관료로 성장하고 있는 현영운에게는 불안하고 수상한 신부였을 것이다.

여하튼 만주의 배정자는 다시 지령을 수신했다. 서울로 돌아와서 전쟁을 틈 타 득세하고 있는 친러파를 이간하고 퇴출시키라는 미션이었다. 1905년은 배정자에게 너무나도 숨 가쁜 한 해였다. 러일전쟁이 막바지에 이른 시점이었다. 일제의 지령을 수행하고 있던 배정자는, 고종이 이토에게 보내는 친서를 받아 들고 일본으로 건너갔다. 친서에는 무슨 내용이 담겨 있었을까? 고종은 배정자를 통해 외교적 끈이 다소 부실한 일본과 관계를 우호적으로 만들어놓고 싶었을 것이다. 전쟁의 결과를 예측하기 어려웠기에 러시아와 일본 모두에 '보험'을 들어둘 필요가 있었다.

"아아, 내 딸. 잘 있었느냐? 너의 수고에 대해선 많은 얘기를 듣고 있다."

이토는 오랜만에 배정자를 만나자 반색했다.

"파파, 반가워요. 여전히 젊고 활기차세요."

"나야 뭐 편안히 지내지만 네 심신이 걱정이구나."

이토는 그녀를 스루가타이駿河臺 하마다濱田병원에 입원시켜 건강을 체크하게 했다. 이 무렵 배정자에 대한 암살 계획이 있었다고 한다. 이봉래·강석호가 그녀를 죽이기 위해 접근했으나 일본군의 경계가 삼엄해 실패했다.

고종의 친서를 읽은 이토는 답신에 해당하는 편지를 써서 다시 배정자를 통해 보냈다. 무슨 내용이었을까? 조선이 러시아에 기울어져 있는 것에 항의하고, 그런 행동을 계속할 경우 어떤 불이익도 감수해야 할 것이라는 경고와 협박을 담은 내용이었다. 밀서를 전달받은 고종은 그 내용과 말투가 너무나 방자하고 위압적이어서 충격을 받았다. 당시 친러파 내각은 이 밀서에 관해 논의하는 과정에서 조선인 배정자의 행각을 문제 삼았다. 이 같은 밀서를 들고 오는 행위는 조선 황제에 대한 능멸이라고 비판했다.

'배정자 밀서사건'은 친러와 친일의 갈등 정국 속에서 소용돌이를 일으켰다. 1905년 2월, 그녀는 3년 유배형을 받고 부산 앞바다에 있는 절영도(絶影島·요즘의 영도)로 귀양갔다. 배정자가 유배되자 일본공사관에서는 서기관 구니와케 쇼타로國分象太郎와 간카와 이치타로監川一太郎을 파견해 위로했다.

이런 가운데 러일전쟁이 일본의 일방적 승리로 끝났다. 이토는 이 해 11월 14일 부산항에 도착하자마자 비서관을 경성으로 보내 배정자의 사면을 종용했다. 그는 일본특파대사 자격으로 조선의 외교권을 박탈하는 을사조약(1905년 11월 17일)을 맺기 위해 오는 길이었다. 배정자는 석방됐다. 고종은 그녀를 불렀다.

"그대가 이토 대사의 방문에 큰 역할을 했도다. 수고하였다. 이토 대사가 어떤 사람인지 내게 말해줄 수 있겠는가?"

"예, 폐하. 제가 알기로 그는 폐하와 대한제국을 돕기 위해서 온 것입니다."

"그는 일본의 중신重臣이니 응당 일본을 먼저 생각하고 그다음에 이 나라를 생각하지 않겠는가. 그대가 이토를 성심껏모셔서 이 나라에 도움이 되도록 하라."

"최선을 다하겠습니다."

배정자는 고종과의 독대獨對에 관한 내용을 이토에게 보고했다. 이토는 이렇게 말했다.

"네 남편이었던 현영운이 의병대장이 되었고, 또 너를 총애하던 엄비도 소원해졌다고 하는데 여전히 조선 궁중에서 나를 도울 수가 있겠느냐?"

배정자는 웃으며 말했다.

"아직 그곳에는 나의 협력자들이 많습니다. 김영진, 이용복, 이갑, 유동열이 있고 일진회의 이용구와 송병준도 제 손을 잡아주고 있습니다."

을사조약 이후 1906년 3월 이토가 조선의 초대 통감으로 부임하고 친일내각이 들어서자 배정자 세상이 펼쳐진 듯했다. 세간에서는 그녀를 '흑치마'라고 불렀다. 덕수궁 별채였던 중명전은 1901년 황실도서관으로 지어진 건물인데 1904년 덕수궁이 불타자 고종이 집무실(편전) 겸 외국 사절 알현실로 썼다. 이곳은 을사조약이 체결된 장소기도 하다.

흑치마 배정자가 이곳을 '접수'했다. 그녀는 이곳에서 밤마다 화려한 파티를 열며 정국의 동향을 살피고 여론을 만들어 냈다. 덕수궁의 정문 현판이 대안문大安門에서 대한문大漢門으로 바뀐 것이 배정자 때문이라는 설說이 생겨난 것도 그 무렵이다. '안安'자가 '갓 쓴 여인'의 형상이며 이는 배정자가 덕수궁 안을 들락거리는 것과 맞아떨어져 불길하다는 주장이 나와 사나이를 뜻하는 '한漢'으로 바뀠다는 웃지 못할 얘기다. 1907년 헤이그 밀사사건(네덜란드에서 열린 군축회의에 고종이 밀사를 파견해 조선 침략의 부당성을 알리려고 했으나 실패한 사건)이 일어났을 때, 그녀는 일본의 힘을 업고 고종 퇴위를 압박할 만큼 광기 어린 권력의 끄나풀로 변모해가고 있었다. 그러나 그런 영화가 어찌 오래 가겠는가.

흑치마는 세 번 웃고 세 번 울었다

흑치마는 세 번 웃고 세 번 울었다고 한다. 명성황후 시해 사건 때 웃고, 을사조약이 체결되자 흔희작약했고, 고종이 눈 감았을 때 쾌재를 불렀으며, 안중근 의사가 이토 히로부미를 쏴 죽였을 때 대성통곡했고, 이 나라가 해방이 됐을 때 억울해서 울었고, 반민재판이 열려 넘버원으로 체포되었을 때 회한의 눈물을 흘렸다는 것이다. 세간이 그녀를 비난하려고 만들어낸 얘기에 불과하지만 철저히 이 민족의 길과는 거꾸로 간한 여인의 궤적을 웅변하는 스토리다.

1909년 6월 이토는 통감 자리에서 물러났다. 그 즈음 도쿄의 관저에서 이토는 배정자에게 이런 말을 했다.

"앞으로 청나라의 움직임은 조선과 일본은 물로 동양 전체에 큰 영향을 미칠 것이다. 위안스카이袁世凱의 부인이 조선인이라 하니, 네가 접근하여 일본과 청의 화목을 이루는 데 도움을 주어라."

배정자가 이토의 이런 지령을 실천하기도 전인 10월 26일, 이토는 하얼빈 역에서 안중근 의사의 총에 쓰러졌다. 그녀에게는 청천벽력이었기에 소식을 듣자마자 그 자리에서 실신했다.

하지만 삶은 계속됐다. 1910년 한일강제병합이 이뤄지고 조선주둔군 헌병사령관인 아카시明石元二郎가 그녀에게 다가왔다. 배정자는 헌병대 촉탁으로 채용됐다. 1914년 1차 세계대전이 일어나자 배정자는 시베리아로 가는 일본군을 따라 참전했다. 이곳에서 그녀는 중국 마적단에 납치됐는데, 그 두목을 유혹해 상당한 기간 동안 동거생활을 했다. 이때에도 정보를 빼내 일본군에게 넘겨주는 '충성'을 과시했다.

이후 일본 외무부 촉탁으로 봉천奉天영사관에 근무하면서 남만주 조선인의 동태를 보고하는 역할을 맡았다. 1920년 일제는 일진회 잔당을 모아 만주의 독립운동단체를 파괴하기 위한 무장첩보단체인 보민회를 만들었다. 배정자는 보민회 구성에 큰 역할을 했고 총독부에서 운영자금을 조달하는 데 실력을 발휘했다. 1922년 그녀는 국내로 들어와 총독부 경무국 촉탁으로 있으면서 항일독립투사를 잡는 일을 전문으로 했다.

1924년 배정자는 일선에서 물러났다. 배정자가 한 일 중에서 가장 씻지 못할 일은 1940년 70세 때의 행위다. 태평양전쟁이 일어나자 그녀는 조선인 여성 100여 명을 징발해 군인위문대라는 이름으로 끌고 갔다.

"전선에서 우리의 조국 일본 장병들이 고생하는 것이 너무나 가슴 아픕니다." 파마머리로 곱게 단장한 할머니는 그렇게 호소하며 어린 여인들을 매춘의 지옥으로 몰아넣었다.

1948년 9월 국회 본회의에서 반민족행위자처벌법이 통과됐다. 반민특위에 가장 먼저 검거된 사람은 성북동에 숨어 살던 배정자였다. 1949년 2월 초였다. 마포형무소를 찾은 기자에게 그녀는 이렇게 말했다.

"따뜻한 장국밥 한 그릇 먹고 싶습니다. 이제 와서 전비前非를 어찌 하겠습니까. 오늘 죽어도 한이 없습니다."

종로구청에 있는 호적에는 1952년 2월 27일 성북동에서 사망한 것으로 되어 있다. 반민특위가 해산하면서 풀려났다가 한국전쟁 와중에 82세로 파란 많은 이승을 등진 것이다. 서울 종로구 창신동에 가면 안양암이란 암자가 하나 있는데 거기에 있는 '나무아미타불' 비석에는 배정자란 이름이 새겨져 있다. 1941년 4월 초파일에 각자刻字한 것이다. 종군위안부를 선동하고 난 다음해이다. 제 나라를 팔고 뜯어먹으며 잔혹한 스파이의 삶을 살아온 그녀지만, 다음 생에선 극락에 가고 싶었던가. 파란만장의 시대에 피어나 생 전부가 한바탕 광기 어린 꼭두각시였던 흑치마의 재즈댄스가 그 어떤 슬픈 소설보다 가슴을 아리게 한다.

배정자와 관련해 자주 거론되는 사람은 1928년 창작공연 무대를 선보여(최승희보다 2년 앞섰다) '근대무용의 효시'라고 불리는 배구자(1905~2003)다. 배구자는 배정자(이토 사이에서 낳은)

의 딸이라는 소문도 있고, 조카라는 얘기도 있다. 그녀는 말년을 미국(캘리포니아 주 산타바바라)에서 보냈는데 스스로 "나는 메이지 천황과 명성황후의 피를 이어받은 공주."라고 주장해 눈길을 끌었다. 배구자는 한국 최초의 여성 프로골퍼이기도 하다.(1994년 6월 3일자 매일경제 보도, 파라다이스GC 대표 김태운 기고.) 또 한 사람은 배구자의 넷째동생인 전통무용가 배한라(1922~1994)다. 그는 하와이 한국고전무용연구소를 운영한 예술가로 월간 무용전문지 〈춤〉(발행인 조동화)에 '한국근대무용 인물전'을 연재하며 제1회로 '언니 배구자' 편을 기고했다.

왜 이토록 역사는 남자현을 지워버렸는가

통정대부 아버님은 영남의 석학
훈하薰下의 고제高 70인 모두 의병의 선봉
낭군 또한 왜적에게 전몰한 청년의사
그 거룩한 사랑에 사모친 꽃 한 송이
어찌 이 땅 위에 풍기어 향기되지 않으랴

낭군의 원한 겹친 복수의 일편단심
총검을 무릅쓴 여장부의 혈전 10년에
삼일성전 끝에 만주로 영원한 망명생활
아, 섬섬옥수의 손가락 자른 피는

독립만세로 성서의 몇 장을 물들였던고?

북만 천지 12곳에 예배당을 이룩하고

그리운 고국을 아득한 눈물로 기도하던

봄비 오는 밤이여, 눈 내리는 아침이여

기한飢寒과 고독과 공포의 이역동포끼리

그래도 작은 파벌로 슬피 싸울 양이면

지극한 정성으로 화해 붙이던 사랑의 사도

분산운동을 정의부로 통합시킨 최초의 별

여성문맹도 독립정신으로 밝히던 교사

김동삼 47동지를 간호한 철창의 천사

그리고 동족의 포리捕吏까지 회개시킨 마리아

일제 발악이 만주를 통 삼키던 폭풍 속에서

국제연맹 리턴경이 하얼빈에 조사왔을 때

'대한독립원' 다섯 자의 혈서와 함께

두 마디 자른 무명지를 세계에 호소한 아픔이여

마침내 왜괴倭魁 무등武藤을 정의로 천주天誅하려고

괴뢰국 만주의 기념일을 기다리고 밀계 중

하얼빈 정양가 큰 길에서 가깝게도 체포된

폭탄을 간직한 중국복의 걸인 노파여

십오일 동안 단식한 놀라운 옥중 투쟁에
오히려 세기에 울리는 철석의 음성으로
오직 한국독립만을 외치고 눈감은 평생이여
아, 하얼빈 외인묘지의 풀빛이 지금 어떤고?

_헌사(獻詞): 남자현 지사 유방(遺芳)을 추모하며
자자 미상, 〈독립혈사〉(서울대한문화정보사 발행, 제2권, 박
영랑 편저, 282쪽)

남자현 지사 항일 순국비. 영양군 생가 옆에 세워져 있다.

21세기는 소프트파워의 시대다. 소프트파워를 성性의 개념으로 치환하면, 그것은 여성적인 저력이다. 오랫동안 남성의 주변부에서 종속하는 존재로, 사회적인 약자弱者로, 혹은 남자보다 신분적인 열위劣位로 얕잡아왔던 여성이 마침내 성적 주체성을 되찾고 진정한 '인류의 절반'으로 거듭 매김 되는 획기적인 시대이다. 우리 민족은 이런 시대정신에서 적자適者가 될 만한 역사적인 이력을 충분히 지니고 있다는 것을 아는가. 박세리로부터 불붙은 한국 여성골프의 위력은 세계의 그린에서는 해가 갈수록 더욱 경이로운 신화를 쌓아왔다. 양궁, 빙상, 핸드볼, 축구 등 스포츠에서 보여준 코리언 우먼의 뛰어난 에너지와 투혼은, 김연아라는 위대한 스포츠 아티스트를 배출함으로써 그 절정을 보여주었다. 최근 다양한 사회 영역에서 여성 진출은 '대약진'이라고 표현할 만하다. 대학 시험이나 고시, 각종 입사 시험에서 여성이 상위를 휩쓰는 현상, TV 드라마와 문화적 트렌드를 주도하는 여성 주류화 기류, 박근혜를 중심으로 무게 중심을 더해가는 정치 영역에서의 우먼파워.

이 시대를 꿈틀거리게 하는 이 같은 슈퍼 여류女流는, 우리에겐 역사적 근간으로 내재하고 있는 원형적 기억의 일부이기도 하다. 민족의 태초를 노래하는 신화엔 대지의 여신이라

고 할 수 있는 마고麻姑 할머니가 등장한다. 삼신麻神 할미로
전승되어 전통적 기복祈福의 믿음을 구축해온 이 여신은 이 땅
의 생성과 평화를 주재하던 아름답고 힘 있는 존재였다. 그녀
와 이 후손이 맺은 영원한 가약佳約은 '원래 모습으로 다시 돌
아감複本'이었다. 지금 우리는 복본의 터닝포인트전환점/기로
에 서 있는 셈이다. 이후 우리는 모계의 실한 혈통을 증거하
는 한 여인을 만난다. 쑥과 마늘로 상징되는 인고忍苦와 지혜
의 여인이며 곰을 숭배한 부족인 웅녀熊女이다. 그녀는 스스
로 하늘과 통하는 존재였으며, 다시 천제天祭를 이끌던 큰 지
도자 단군왕검을 배출함으로써 우리 피붙이의 원류를 이룬
다. 이들은 동북아시아에서 가장 액티브한활동적인 기마민족
으로 세계 역사에 이미 파워풀한 존재감을 심어왔다. 이후 삼
국시대의 신라는 여왕이 전성기를 통치하는 강력한 국가였
고, 부계와 함께 모계 족보가 함께 존중되던 여권女權의 사회
였다. 고려는 천추태후와 기황후로 가늠할 수 있는 늠름한 국
가 자부심과 치열한 생존능력을 보여준 나라였고, 가시리와
쌍화점에서 드러나는 남녀상열男女相悅의 분방하고 애틋한 서
정은 도저하게 흐르는 그 시대 여성들의 감성 기류를 유감없
이 보여준다. 조선에 접어들면서 여성은 서서히 규방에 갇혔
고 이를 거부하는 자유여성들은 기생이라는 독특한 사회시스

템 속에서 자기 발언을 하면서 치열하게 살았다. 임진왜란 이전의 여성들은 유학자들과의 결혼 생활 속에서 상당한 수준의 평등을 유지하며 모계母系의 권리를 행사하였다고 한다. 병란을 치르면서 사회 불안이 가중되고 여성은 집안 속에 깊이 갇혀서 정치사회적인 절연絶緣을 할 수 밖에 없었지만, 그런 가운데서도 김호연재 같은 철학자, 장계향 같은 퇴계학통 계승자, '완월회맹연'을 쓴 소설가 이씨 부인, 신사임당 같은 예술가, 허난설헌 같은 시인이 등장했다.

역사는 저물어 외세들이 아귀처럼 몰려왔고, 마침내 일본이 이 나라를 삼켜 병탄하는 비극이 일어났다. 그런 가운데 강원도 춘천에서 여성 의병장 윤희순이 나와 일제에 항거했다. 이 여인은 여군부대를 조직해 전투에 나섰고 나중에는 만주로 나아가 온가족이 독립투쟁을 벌인다. 1919년 삼일운동 때는 이 땅의 잔 다르크라는 유관순이 죽음 앞에서 굴하지 않고 조국 만세를 외쳤고 해주에선 기생들이 뛰어나와 독립선언서를 읽었다. 일제 강점기에 세계를 놀라게 한 무용가 최승희의 기억 또한 이 나라 여성의 위대함과 천재성을 환기시킨 인상적인 장면이었다. 이 땅의 여류女流는 때로 분출하고 때로 지하수처럼 안으로 흘렀지만 그 도도한 흐름은 멈추는 법이 없었다.

남자현이 풍운의 시대를 살아간 궤적은, 한 개인의 삶의 자취이기도 하지만 태고 이래로 흘러온 일대 여류女流의 한 흐름을 만들어낸 역사적인 일장一章이기도 하다. 시대와 상황은 언제나 인간 개인에게 질문한다. 지금 여기서 너는 무엇이냐. 지금 여기서 너는 왜 살고 있는가. 삶의 모든 선택들은 그것에 대한 답이며, 온몸으로 살아낸 자취는 그 자체가 한 인간이 결론 내린 '답안지答案紙'이다. 여기에 성性으로 분화되는 질문 또한 감당해야 한다. 여성으로 태어난 존재는 여성으로 살아가는 것의 의미와 가치, 그리고 문제성에 대해 답해야 한다. 지금의 우리가 그래야 하듯이 말이다.

(2011년을 기준으로) 138년 전에 태어난 조선여자 남자현은 24세 때 의병 전투를 치르던 남편을 잃고, 38세 때 나라를 잃었다. 경북 안동과 영양을 오간 대학자의 집안에서 태어나 총명하던 소녀의 정신 속에는 투철한 유학儒學의 피가 흐르고 있었다. 투철한 교육자이기도 한 부친 아래에서 사서삼경을 배웠고 전시대를 관통해온 삼종지도三從之道를 익혔다. 그녀는 시부모에게 효도하여 표창까지 받았고, 친정 부친의 뜻을 받들어 의병 활동에 기꺼이 참여했으며 남편이 전사하는 청천벽력 속에서도 유복자遺腹子 아들을 훌륭하게 키워낸 것은 그녀의 몸속으로 흐르는 유가儒家의 DNA가 쩌렁쩌렁하게 살아있었기 때문이다. 남자현이 기성 체제 속에 '알맞은 답'을 내밀

며 살아가는 여성이었다면 여기까지면 되었다. 그녀의 고향 영양에서 조용히 살다가 세상과의 큰 불화를 겪지 않고 가만히 돌아갈 수도 있었을 것이다.

남자현의 생은 우리에게, 그 이상으로 걸어간 길을 말해주려 한다. 자기를 넘어서고 나이를 넘어서고, 죽음을 불사하고 온몸을 던지기로 한 담대한 결단은 어느 시대, 어느 누구에게든 쉬운 일이겠는가? 그녀는 그 숨막히는 시대를 살면서 타협 없는 정의의 에너지를 무한으로 분출해냈다. 가장 절망적인 날에, 해방의 희망을 눈앞에 선연히 그리며 눈을 감은 여인이다. 역사상으로 다른 시대인 이쪽의 편안하고 안전한 자리에서, 박물관 전시장을 들여다보듯 '남자현의 시대'를 엿보는 일은, 그녀의 가슴 속에 회오리치는 만주벌판의 바람을 감정이입하여 깨닫기 어렵게 한다. 그 불감不感에서 벗어나야 그녀를 만날 수 있다. 이 시대의 독자 한 사람 한 사람이 전시대 남자현이 되어 보는 것, 되어서 그녀의 선택 앞에 서서 고뇌해 보는 것. 그것이야말로 우리가 역사를 스스로의 삶의 일부로 추체험하며 존재를 의미 있게 확장하는 길이다.

규방閨房에 깊이 파묻혀 흔적 없이 살아가던 남자현은 '유가의 여성'으로서의 질문 이상의 질문을 가슴으로 떠안으면서 조선의 여류女流에서 이탈했고 '시대의 여성상'을 바꿔놓는 변경으로 내달린다. 촌가의 며느리가 47세에 죽음을 무릅쓰고 삼일 만세운동을 벌이기 위해 홀연히 상경하는 결단 속에는 일상적 삶을 뛰어넘은 자기 혁명이 숨어 있다. 그녀는 왜 적지 않은 나이에 위험한 싸움에 앞장서기로 결심했을까. 나라도 없이 자신의 정체성을 죽이며 사는 삶이 곧 '죽음'과 다름없다는 것을 깨달았기 때문이 아닐까. 그녀는 '여자로서 큰 싸움판에 뛰어드는 것이 마땅한가'에 대한 질문을 던졌을 것이다. 국망國亡의 문제에 과연 남녀유별이 무슨 의미가 있는가. 오히려 그런 관념 뒤에 숨어 소시민으로 살아가는 일이야말로, 시대적 문제를 회피하는 무기력함의 변명들이 아니던가. 그녀가 서울에서 만주로 행동반경을 넓힌 것은 단순한 전략적 이동이 아니라, 역사적 소명을 좀 더 크고 지속적인 것에다 두었기 때문이다. 만주에서 그녀는 당면한 현실적 문제들의 해결부터 시작했다. 독립운동의 분파를 극복하고 통합으로 나아가는 운동을 벌인 것은, 그녀가 만주 투쟁의 궁극적인 목표를 누구보다도 투철하게 인식하고 있었다는 증좌이다. 그녀가 무려 세 개의 손가락을 베어 가며 혈서를 썼던 것은, 스스로의 고통으로 결의를 보여줌으로써 동지들이 천착하는 불화의 잔가지들을 잘라내려 함이었고 또한 국제연맹에 손가락을 보낸 뜻은 대한의 여성이 이토록 치열하게 독립을 원하고 있다는, 염원의 강도强度를 확인시켜 주고자 함이었다. 그녀의 단지斷指는 이미 목숨 따윈 언제든지 버릴 수 있다는 필사의 상징이었고, 그녀를 만주 투쟁사에서 잊지 못할 별로 남게 하는 것은 바로 저, 죽음 앞에서 꿈쩍 않는 철혈여심鐵血女心의 힘이었다. 그녀는 조선 총독을 암살하기 위해 서슴지 않고 국경을 넘어 서울로 잠입했고, 피 마르는 작전 일정 속에서, 민족의 적을 처단할 무기를 만지작거렸다. 죽음을 넘나드는 추격전 끝에 저격은 실패로 돌아갔지만, 이후 61세의 나이로 이번에는 만주국의 일제 실세인 전권대사를 죽이러 간다. 하얼빈에서 무기를 전달받는 과정에서 내부 밀고로 체포되었지만, 안중근, 이봉창의 의열義烈 전통과 어깨를 나란히 할, 한국 여성투사의 용맹무쌍한 기개가 아닐 수 없다. 남자현의 일제 요인 저격 프로젝트의 특징은, 조직의 밀명에 의한 것이라기보다는 개인적인 투지와 선택에 기반한 작전으로 보이는 점이 있다. 상황이 도와주었다면, 우리는 일제의 거물을 암살한 '위대한 여성 의거'를 역사에 기록해놓고 있었을 것이다.

또한 그녀에게서 옷깃을 여미게 되는 것은 죽음에 임하는 태도이다. 하얼빈 감옥 속에서 그녀는 단호히 단식을 선택해 스스로 죽음을 맞았다. 모진 고문과 회유에도 굴하지 않았을 뿐 아니라, 죽음조차도 일제에게 그 선택권을 주지 않겠다는 서슬퍼런 정신을 내보였다. 거기엔 나이가 주는 유약함도 없었고 여성이 지닐 수 있는 나약함도 없었다. 그녀는 하루하루 가중되는 굶주림의 고통과 투쟁하면서 서서히 생을 놓았다. 일본은 뜻밖의 상황에 놀라 그녀를 막판에 병보석으로 석방하는 조치를 취하기까지 한다. 또 하나 이 여인의 위대성을 확인시켜주는 것은, 열렬한 대한독립의 신념이다. 임종의 자리에서 남자현은 해방의 그날 독립된 우리 정부에 바칠 축하금을 내놓는다. 1933년의 일이니, 해방까지는 12년이나 남았다. 우리는 이미 역사책을 통해 이것을 알고 있지만 남자현은 오로지 신념 속에서 그것을 믿었다. 그녀가 죽은 이후에도 얼마나 많은 지식인들과 리더들이 변절하고 훼절하고 말을 바꿨던가. 그들은 마음속에서 해방의 희망을 지웠지만, 남자현은 죽음 앞에서 이 나라의 서원誓願을 그토록 굳게 세우지 않았던가. 그리고 혈육들을 교육시켜 새 나라를 건설할 인재로 성장시킬 것을 당부한다. 선각先覺! 미리 깨닫고 그것을 실천해 나가는 일은 바로 이런 것이 아니던가.

남자현. 나는 그녀를 이 땅의 역사가 낳은 더없이 위대한 여성이라고 단언한다. 그녀는 시골의 궁벽함 속에서 살았을 망정, 뛰어난 지식인이었다. 그녀는 자신의 지식을 가차 없이 실천했다. 스스로를 혁신하여 나라를 되찾는 시대의 소명에 몸을 내던졌다. 그리고 거침없이 총과 화약을 들고 싸웠고 두려움 없이 죽음에 임했다. 그녀는 식민지의 여성으로 가장 자기초월적인 생을 걸었다. 거대한 절망 앞에서는 여성 또한 민족 구성원으로서의 주체성을 지녀야함을 일깨웠다. 그런데 한 시대의 질곡을 프로메테우스처럼 지고자 했던 이 여인을, 이 시대에 몇 명이나 알고 있을까. 우린 왜 이 위대한 인물을 이토록 쉽사리 기억 속에서 지워버렸을까. 남자현을 모르고, 그녀의 투쟁에 빚진 이 땅에서 이 시대를 살아가는 사람이여. 부끄럽지 않은가. 손가락 마디마디 뚝뚝 떨어지는 피 얼룩의 역사 위에서 나날을 숨 쉬고 있으면서도, 여성들이여, 그리고 남성들이여, 아름다운 선배 하나를 까맣게 잊었단 말인가.

남자현 평전

나는 조선의 총구다